TRASFORMA LA TUA VITA CON LA PNL

TRASFORMA LA TUA VITA CON LA PNL

Il tuo successo inizia da qui

Paul Jenner

ALESSIO ROBERTI

This translation of *Transform your life with NLP*
is published by arrangement with Hodder and Stoughton, part of Hachette UK
www.teachyourself.co.uk

Titolo dell'opera in lingua originale
Transform your life with NLP

Titolo della versione italiana dell'opera
Trasforma la tua vita con la PNL

Sottotitolo
Il tuo successo inizia da qui

Pubblicata da:
Alessio Roberti Editore
Via Lombardia, 298 – Urgnano (BG) Italy

Prima edizione: giugno 2013

Ristampa

7 6 5 4 3 2 1 2019 2018 2017 2016 2015 2014 2013

ISBN
978-88-6552-064-2

Traduzione dall'inglese
Giovanni Fort

Impaginazione e progetto grafico
Zeronove di Andrea Mattei

Immagine di copertina
© Creativ Studio Heinemann/Westend61/Photolibrary.com

Stampa
Lineagrafica, Città di Castello (PG)

Ringraziamenti

Desidero ringraziare tutte le persone che hanno preso parte ai miei focus group per vedere in quali modi potessero trasformare le proprie vite con la PNL.

Un ringraziamento speciale a Victoria Roddam, la mia editor presso Hodder Education.

Indice

Introduzione all'edizione italiana

Le presupposizioni sono una delle componenti più interessanti della Programmazione Neuro-Linguistica. Tutte insieme rappresentano l'affascinante mosaico sul cui sfondo si muovono le tecniche e gli strumenti più efficaci; prese singolarmente ricordano dei mantra grazie ai quali affrontare le sfide del quotidiano.

Facilmente memorizzabili, queste incisive affermazioni rimangono scolpite nella mente delle persone, entrano nel loro vocabolario e piano piano, con l'esperienza quotidiana, si arricchiscono di significato, fino a quando diventano delle piccole e sorprendenti illuminazioni.

In *Trasforma la tua vita con la PNL*, troverai raccolte le principali presupposizioni della Programmazione Neuro-Linguistica. L'autore ne ha scelta una come frase d'apertura di ogni capitolo e ha dedicato un breve paragrafo all'interpretazione di ciascuna. Leggile, scoprile e lasciati guidare dal tuo intuito per assorbirne il senso profondo. Prima o poi si riveleranno utili per trovare la forza e la motivazione che ti occorrono, per incoraggiare chi ti sta vicino, per far emergere una spiegazione, per rafforzare le tue relazioni e per conoscere meglio te stesso e gli altri.

Alessio Roberti
Autore, formatore, editore
Master Trainer di PNL
Direttore Mondiale Business Coaching (Society of NLP)
www.alessioroberti.it

Alessio Roberti

È l'italiano con maggiore esperienza nella ricerca e formazione in PNL a livello mondiale: ha formato oltre 40.000 professionisti in Programmazione Neuro-Linguistica in Italia, USA, Inghilterra e Giappone. La "Society of NLP" gli ha conferito il titolo di "Licensed Master Trainer of NLP", il massimo livello di specializzazione in PNL e il prestigioso titolo di Direttore Mondiale del Business Coaching. Si è inoltre specializzato presso le scuole di Business delle università di Harvard e Oxford. Fra le numerose aziende che si avvalgono della consulenza e della formazione della società da lui guidata ci sono alcune tra le più importanti organizzazioni, nazionali e internazionali. È Coach di importanti imprenditori italiani. È l'unico italiano co-trainer del genio creativo della PNL, Richard Bandler, e co-autore con Bandler e Owen Fitzpatrick del bestseller *Corso di PNL: Scelgo la libertà*. Presidente dell'Associazione Internazionale di Intelligenza Linguistica, è inoltre l'editore di oltre 70 testi sull'utilizzo degli strumenti della PNL, del Coaching e della comunicazione efficace. Fondatore e condirettore della NLP ITALY Coaching School, supervisiona tutte le attività formative erogate.

Incontriamo l'autore

Per anni ho indagato i segreti di ciò che fa sentire gli esseri umani felici e realizzati, e so che la chiave è nella mente inconscia. Ma come raggiungerla? Esistono molte diverse definizioni di PNL (Programmazione Neuro-Linguistica), ma la spiegazione informale di ciò che questa disciplina è per me, sta nell'idea più importante della PNL: si tratta di portare al cinema il proprio inconscio. Sappiamo tutti che un'immagine dice più di mille parole: perché mai questo non dovrebbe valere anche per l'inconscio? Non puoi dire al tuo inconscio cosa fare. Non si può. Si può invece mostrargli delle immagini: qualcosa a cui l'inconscio sembra rispondere bene.

Ovviamente la visualizzazione non era una novità quando Richard Bandler e John Grinder introdussero le loro idee negli anni Settanta. I due, tuttavia, portarono il processo a un livello del tutto nuovo, attingendo alle tecniche di cinema e televisione moderni, facendo tutte le cose che fa un regista desideroso di conquistare un Oscar per la miglior regia e fotografia. Bandler e Grinder hanno sfruttato il fatto che quando proiettiamo "filmati interiori" automaticamente ipnotizziamo noi stessi; e in questi stati alterati il filmato stesso è in grado di riprogrammare l'inconscio. Questo, tuttavia, significa anche che dobbiamo stare molto attenti a cosa visualizziamo: possiamo farci del bene, ma anche del male.

Questo volume non è un manuale di PNL; non vi troverete raccolta ogni singola tecnica di PNL (per questo potete riferirvi al volume *PNL essenziale,* Alessio Roberti Editore). Ho voluto invece selezionare le tecniche che ritengo funzionino al meglio e che a mio parere sono le più utili per trasformare la vostra vita.

Paul Jenner

Hai solo un minuto?

La Programmazione Neuro-Linguistica è un insieme di tecniche che servono a prendere il controllo della propria mente, tra le quali: visualizzare scene per programmare il cervello; copiare il modo in cui gli esperti e i geni fanno le cose; utilizzare i metodi impiegati dagli ipnotisti secondo modalità specificamente adattate per la vita quotidiana; stabilire rapport copiando il linguaggio del corpo delle altre persone.

Quello che è successo nella tua vita passata (e quindi il modo in cui vedi il tuo presente e il tuo futuro) può essere interpretato in una luce più positiva.

La tua capacità di apprendere è la chiave per quasi tutto nella vita.

È importante che la tua voce interiore cessi di essere negativa, e che tu la converta invece a una visione positiva delle cose.

Se ti visualizzi più sicuro di te, diventerai più sicuro di te.

Se ti visualizzi nella buona riuscita di qualcosa, aumenterai la probabilità di avere effettivamente successo.

Se ti visualizzi in salute, diventerai più sano e ti riprenderai più rapidamente dalle malattie.

Metti alla prova i tuoi poteri di immaginazione: evoca una scena a piacere e poi manipolala come un regista. Allarga il campo, ingrandisci o rimpicciolisci, cambia punti di vista, usa il rallentatore, aggiungi una colonna sonora: in breve, sfrutta al massimo la tua immaginazione creativa.
Sarai più abile nel persuadere se (a) prima instauri rapport copiando il linguaggio del corpo degli altri, (b) parli lentamente, al ritmo della respirazione dell'interlocutore, e (c) instilli idee anziché cercare di dare ordini, ad esempio raccontando delle storie.
Puoi aumentare i sentimenti d'amore proiettando filmati interiori delle scene più romantiche della tua vita con il partner; e puoi chiudere una relazione cessando di provare amore se utilizzi un filmato interiore dei vostri peggiori momenti in comune.
Puoi imparare a ipnotizzare qualsiasi persona sia disposta a fartelo fare.

Hai solo cinque minuti?

1. LE BASI

La Programmazione Neuro-Linguistica è un insieme di tecniche capaci di darti rapidamente il controllo della tua mente. Gli ambiti principali sono:

1. Modellamento: un modo speciale di copiare le abilità di geni ed esperti, assorbendo prima di tutto le loro abitudini in modo intuitivo.
2. Il Milton Model: un modo per utilizzare le tecniche dell'ipnoterapeuta Milton Erickson nella vita quotidiana.
3. Visualizzazione: indurre la trance programmando al tempo stesso automaticamente il proprio inconscio.
4. Abilità interpersonali: in particolare la capacità di instaurare rapport, ricalcando e rispecchiando le espressioni verbali e non verbali delle altre persone.

Si può praticare l'autoipnosi applicando il metodo di Betty Erickson.

Esistono più di una decina di presupposizioni in PNL. Due tra le più importanti sono queste: "Se una persona riesce a fare una cosa, chiunque può imparare a farla" e "La mappa non è il territorio".

2. TRASFORMA IL TUO PASSATO

Il tuo passato è una questione di quello che scegli di ricordare e di come scegli di sentirti a riguardo.
Nel pensare a ciò che è stato, prova a cambiare le qualità (submodalità) delle tue visualizzazioni in modo utile e positivo.
Dimentica le cose che ti rendono infelice.

3. TRASFORMA LE TUE CAPACITÀ DI APPRENDIMENTO

Se una persona riesce a fare una cosa, puoi imparare a farla anche tu: la tua capacità di apprendere è la chiave per quasi tutto nella vita.
Si può realizzare moltissimo prendendo a modello degli esperti, osservandoli direttamente o studiando delle registrazioni.

4. TRASFORMA LA TUA VOCE INTERIORE

Quando la tua voce interiore è negativa, mettila a tacere o toglile autorevolezza facendola suonare come quella di una persona a cui non daresti credito.
Quando hai un problema che non riesci a risolvere, chiedi al tuo inconscio di trovare una soluzione: verosimilmente lo farà!

5. TRASFORMA IL TUO SUCCESSO

Un buon momento per riprogrammare il tuo inconscio per il successo è quello che precede immediatamente il sonno.
Quando ti senti ansioso riguardo alle tue capacità, visualizza una situazione in cui ti sei sentito sicuro di te e poi mantieni quella sensazione.
Automatizza i comportamenti di successo collegandoli ripetutamente a uno stimolo di innesco (che in PNL è conosciuto come ancora).

6. TRASFORMA LA TUA SALUTE

La visualizzazione è una potente tecnica per la salute. Visualizza te stesso impegnato in comportamenti sani, a evitare quelli nocivi per la tua salute; soprattutto visualizza te stesso in piena salute.
E ricorda di aggiungere tante risate.

7. TRASFORMA IL TUO POTERE DI PERSUASIONE

Sarai più capace di persuadere se crei rapport copiando il linguaggio non verbale dell'altra persona, parlando al ritmo a cui respira e instillando idee tramite domande sottili, aneddoti e storie, invece di impartire ordini diretti (che potrebbero far insorgere resistenze).

8. TRASFORMA LA TUA VITA AMOROSA

Per aumentare i tuoi sentimenti amorosi, diventa il regista del tuo film romantico interiore: una raccolta delle scene felici della tua vita con il partner.
Per aumentare la tua attrattiva romantica, visualizza te stesso mentre ti comporti nel modo in cui desideri.
Per far affievolire i tuoi sentimenti (per superare la rottura di un rapporto) crea un film interiore delle cinque cose peggiori che la tua ex o il tuo ex ha mai fatto.

9. PNL E IPNOSI

La PNL deriva molte delle sue tecniche dal campo dell'ipnoterapia.
Andiamo tutti in trance ogni giorno (quando, ad esempio, leggiamo un libro): non è niente di strano.
Quando ipnotizzi le persone, usi semplicemente la trance per aiutarle a far emergere cose che già sanno.
È facile ipnotizzare le persone se si ha il loro consenso.

Hai solo dieci minuti?

1. LE BASI

La Programmazione Neuro-Linguistica, fondata da Richard Bandler e John Grinder, è un insieme di tecniche che possono rapidamente darti il controllo della tua mente.

Il modellamento, uno dei quattro principali ambiti della PNL, è uno speciale modo di copiare le abilità di geni ed esperti, assorbendo in primo luogo le loro abilità in modo intuitivo.

Come risultato del modellamento del famoso ipnoterapeuta Milton Erickson, Bandler e Grinder hanno sviluppato il Milton Model, un altro pilastro portante della PNL. Il Milton Model, che i due co-creatori hanno definito un modo di esprimersi "abilmente vago", utilizza tecniche ipnotiche per influenzare le persone nella vita di tutti i giorni.

Puoi facilmente praticare l'autoipnosi ed entrare in trance utilizzando un metodo che piaceva molto alla moglie di Erickson, Betty, a sua volta ipnoterapeuta. Mettiti comodo e comincia a identificare tre cose che puoi vedere, tre cose che puoi udire e tre cose che percepisci fisicamente dove ti trovi. Identifica due cose diverse per ciascuna categoria, e infine una,

poi crea una scena con la tua immaginazione e in essa identifica una cosa che puoi vedere, una che puoi sentire e una che puoi percepire fisicamente. Dopodiché trova due cose diverse per ciascuna categoria, e infine tre. A questo punto dovresti essere in trance; in caso contrario continua così fino a raggiungere lo stato.
La visualizzazione è la terza area principale all'interno della PNL. Quando visualizzi qualcosa vai automaticamente in trance. Ciò che visualizzi penetra quindi facilmente nel tuo inconscio. Fondamentalmente, visualizzando il modo in cui desidereresti comportarti, fornisci al tuo inconscio un modello e delle linee guida che farà del proprio meglio per seguire. Per le medesime ragioni, visualizzare il fallimento è una pessima idea.
L'ultima delle quattro aree della PNL riguarda varie abilità interpersonali, tra cui quella di instaurare rapport. Un modo per farlo è quello di copiare le espressioni verbali e non verbali dell'altra persona (detto ricalco, quando si fa per approssimazione, e rispecchiamento quando si fa in maniera speculare): deve però essere utilizzato in modo non troppo esplicito.

Esistono una decina di presupposizioni in PNL. Alcune delle più utili sono:

1. Se una persona riesce a fare una cosa, chiunque può imparare a farla
2. La mappa non è il territorio
3. La mente e il corpo sono parti di uno stesso sistema
4. Non si può *non* comunicare
5. Dietro a ogni comportamento vi è un'intenzione positiva
6. Se quello che stai facendo non funziona, fai qualcosa di diverso
7. Non esiste fallimento, ma solo feedback

2. TRASFORMA IL TUO PASSATO

Il tuo passato non è qualcosa di fisso: esso è aperto alle interpretazioni. Puoi cambiare ciò che provi riguardo alla tua vita cambiando le caratteristiche (submodalità) delle immagini mentali, rendendo gli eventi più vicini o più distanti nel tempo, reincorniciando e cambiando il punto di vista da associato a dissociato (allo scopo di guardare eventi spiacevoli da un punto di vista esterno).

La tecnica veloce per risolvere le reazioni fobiche utilizza una doppia dissociazione.
Piuttosto che a come e perché nel passato sei diventato così, la PNL è interessata al modo in cui *continui* a essere come sei.

3. TRASFORMA LE TUE CAPACITÀ DI APPRENDIMENTO

La tua capacità di apprendere è la chiave per quasi tutto nella vita.
Se una persona riesce a fare una cosa, chiunque può imparare a farla.
Modellare significa *assorbire* inconsciamente ciò che fanno gli esperti: un processo che può essere potenziato inducendo uno stato di "flow".
È di aiuto cercare di *diventare* la persona che stai modellando (prima posizione).
Il modellamento esplicito procede sottraendo gradualmente elementi, fino a trovare quelli che fanno la differenza.

4. TRASFORMA LA TUA VOCE INTERIORE

Si può intervenire su una voce interiore negativa in diversi modi: intimandole di tacere, screditandola facendo sì che suoni come quella di qualcuno a cui non diamo peso o fiducia, utilizzando lo Swish o il reincorniciamento.
Le nostre "mappe interiori" del mondo hanno dei difetti causati da generalizzazioni, dalla tendenza ad adattare i dati in modo che confermino le nostre convinzioni e dall'incapacità dei nostri cervelli di gestire ed elaborare la totalità delle informazioni.
Per trovare modi migliori di fare le cose si può utilizzare la Ristrutturazione in sei fasi.

5. TRASFORMA IL TUO SUCCESSO

Puoi programmare te stesso mentre stai per addormentarti, in maniera tale da svegliarti poi positivo e ottimista.
Quando non ti senti molto motivato a fare una cosa, puoi "prendere in prestito" la motivazione da altri contesti utilizzando lo Swish.
Il Cerchio della Fiducia in Se Stessi comporta il visualizzare un cerchio sul pavimento, riempirlo della fiducia che hai provato in un'occasione passata e poi entrare al suo interno.
Il Generatore di Nuovi Comportamenti consiste nel visualizzare te stesso come se fossi in un film e ti comportassi nel modo desiderato.
Le ancore sono stimoli che innescano comportamenti automatici. Visualizza il comportamento che desidereresti avere e poi fissa le tue ancore (preferibilmente una visiva, una auditiva e una cinestetica). Quando hai bisogno di quel comportamento, attiva le ancore che hai creato.
Può essere meglio ricostruire al contrario un obiettivo, lavorando all'indietro a partire da esso come se fosse stato già raggiunto anziché partire dal presente e cercare di raggiungerlo.

6. TRASFORMA LA TUA SALUTE

Una tecnica di PNL per sfruttare l'effetto placebo consiste nel visualizzarti completamente guarito e sano.
Per creare regolari abitudini salutari, prendi in prestito la motivazione da altre attività che fai regolarmente e che ti piacciono, come ad esempio farti la doccia, usando lo Swish.
Creare un "filmato interiore" che mostra tutti gli effetti negativi di una cosa può aiutarti a smettere di farla.
Modella qualcuno che ammiri e che ha già uno stile di vita salutare.
Il Cerchio della Salute consiste nel visualizzare un cerchio sul pavimento, riversare al suo interno il senso di ottima salute che hai provato in una occasione passata, e poi entrarvi.
Per sconfiggere lo stress, rilassati profondamente e crea delle ancore (vedi sopra). Attivare le ancore ti sarà poi di aiuto nelle situazioni stressanti.

Ridere, sovraccaricare il cervello di compiti, le distrazioni e l'autoipnosi sono tutti buoni modi per aiutarti a gestire il dolore.

7. TRASFORMA IL TUO POTERE DI PERSUASIONE

Copiare il linguaggio del corpo di un'altra persona (ricalco o rispecchiamento) è un modo per aiutare a creare il rapport che renderà più facile influenzarla.
Il Milton Model è un aspetto della PNL basato sulle tecniche dell'ipnoterapeuta Milton Erickson. Una delle sue tecniche è quella di instillare idee raccontando storie; altri accorgimenti sono l'uso delle presupposizioni (parlare e comportarsi come se una cosa fosse stata già decisa) e dei legami logici, che presentano alle persone un numero di opzioni limitato.
Parlare lentamente effettuando pause sincronizzate al ritmo della respirazione dell'interlocutore può dare maggior effetto a ciò che diciamo.

8. TRASFORMA LA TUA VITA AMOROSA

Proiettare un filmato interiore di tutte le scene più romantiche della tua vita con il/la partner può aumentare l'amore che provi. Per recuperare quella sensazione di "camminare sulle nuvole", di essere al settimo cielo, visualizza una scena dei tuoi primi tempi e poi sostituiscila bruscamente con un'immagine del tuo/della tua partner oggi.
Il Cerchio dell'Amore consiste nel visualizzare un cerchio sul pavimento, riversarvi l'amore che hai provato in un'occasione precedente e poi fare un passo al suo interno.
Modella coppie che hanno avuto relazioni lunghe e felici.
In caso di screzi, non peggiorare mai le cose richiamando alla mente screzi precedenti.
Il Generatore di Comportamenti Romantici consiste nel proiettare un filmato interiore del modo in cui vorresti essere.
Puoi migliorare la tua vita amorosa creando ancore che ti facciano sentire romantico, sexy, oppure più eccitato o meno ansioso riguardo alle prestazioni.

Per superare la fine di un rapporto, proietta un filmato interiore delle cinque cose più sgradevoli che il tuo ex partner abbia mai fatto.

9. PNL E IPNOSI

L'ipnosi consiste nell'"evocare e utilizzare apprendimento inconscio".
La tecnica standard per ipnotizzare una persona consiste nel riproporle verbalmente la sua esperienza presente, per poi guidarla nella direzione desiderata: "Ora, mentre sei seduto su quella comoda sedia rossa... i tuoi piedi... sul pavimento... le tue mani... che sentono la superficie liscia... dei braccioli... e senti la mia voce... vorrei che tu...".
Segnali del fatto che si è riusciti a indurre una persona in trance possono essere un'espressione facciale più piatta, cambiamenti a livello della respirazione, mani più calde, occhi rivolti verso l'alto oppure chiusi con le palpebre che vibrano.
La finalità dell'ipnosi dovrebbe sempre essere concordata prima di cominciare.

CAPITOLO

1

Le basi

In questo capitolo imparerai:

- **i più importanti concetti di PNL**
- **come impratichirti con le abilità di base**
- **come iniziare a utilizzarle**

> ***L'esperienza ha una struttura***
> *Presupposizione di PNL*

PNL, o Programmazione Neuro-Linguistica. Sì, sembra un parolone. Mette quasi in soggezione. Per questo la maggior parte delle persone dice semplicemente "PNL".

Sono state proposte svariate definizioni della PNL, ma il fatto è che la PNL *non* è una singola disciplina, quanto piuttosto un insieme di tecniche piuttosto diverse. Quindi in realtà una singola definizione è pressoché impossibile. È parimenti impossibile trovare una singola definizione ampiamente accettata di cosa la PNL *fa.* Ti proporrò quindi la mia:

La PNL è un insieme di tecniche capaci di darti rapidamente il controllo della tua mente.

Dietro alla PNL vi è l'osservazione del fatto che gli oggetti della nostra esperienza devono essere organizzati nella nostra mente secondo modalità strutturate. Una volta compresa la struttura, puoi controllare meglio la tua mente. Una volta che controlli la tua mente, controlli il tuo corpo e il tuo comportamento. Hai il controllo della tua vita. Hai a disposizione un maggior numero di opzioni.

Come ti sentiresti se, mentre leggi questo libro, il tuo braccio improvvisamente si sollevasse in aria di propria iniziativa? O se la tua gamba improvvisamente cominciasse a oscillare da destra a sinistra? E se la tua testa si mettesse improvvisamente a girare? Chiaramente ne saresti terrorizzato. Eppure accettiamo che le nostre menti si comportino proprio in questo modo incontrollato. Ci mettiamo a fare una cosa, e le nostre menti cominciano a pensare a qualcosa di diverso. Stiamo per parlare in pubblico, o colpire una palla da golf o buttarci giù per una pista da sci... e le nostre menti ci dicono che *non ce la faremo.* Una vocina dice "Non ce la fai". Cerchi di dormire la notte e le vocine ci si mettono di nuovo: "Oggi hai fatto solo una gran confusione. Senza dubbio domani te la caverai altrettanto male".

Hai mai pensato di dire alla vocina di "chiudere il becco"? Richard Bandler, co-fondatore della PNL con John Grinder, usa spesso questa tecnica molto semplice. Ma la PNL ha anche molti altri modi più sofisticati di controllare e impiegare l'inconscio: perché è dell'inconscio che stiamo parlando. Per dirla con Bandler, la tua mente gira in continuazione, e se non la dirigi dove desideri se ne va "a casaccio da tutte le parti".
Da giovane Bandler, durante una vacanza in Messico, vide gente che pescava in un lago e decise di provare anche lui. Poi vide i cartelli che avvisavano di non mangiare il pesce preso in quelle acque per via degli alti livelli di mercurio. Notò chiaramente un'analogia: come non bisognerebbe scaricare spazzatura nelle acque, così non bisognerebbe farlo nella pro-

pria mente. Quei pensieri negativi rigurgitati dall'inconscio sono proprio il risultato di una sorta di "inquinamento".

La PNL si può dividere per praticità in quattro aree principali:

1. **MODELLAMENTO**

   Modellare significa scoprire cosa fanno di diverso dalle altre persone i geni e gli esperti.

   Qual è il vantaggio per me? Una volta isolati gli elementi chiave, potrai imparare a ottenere i medesimi risultati degli esperti.

2. **IL MILTON MODEL**

   Una delle persone che Bandler e Grinder modellarono nei primi anni di attività fu il presidente della American Society for Clinical Hypnosis: Milton H. Erickson. Ne conseguì lo sviluppo di quello che ancora oggi si definisce Milton Model: un modello che fissa e formalizza gli schemi usati da Erickson per l'ipnoterapia.

   Qual è il vantaggio per me? Emulando quegli schemi potrai essere più efficace nelle tue comunicazioni con le altre persone.

3. **VISUALIZZAZIONE**

   Un ipnotista, durante una seduta, ti chiederà di visualizzare diverse cose. Bandler e Grinder hanno sviluppato tecniche di visualizzazione altamente sofisticate che le persone possono usare con la guida di un esperto di PNL, o anche *da sole*, al fine di ottenere *cambiamenti rapidi*. Un'espressione migliore potrebbe essere "cinema interiore", poiché non è una questione di manipolare solo immagini, ma anche suoni e sensazioni.

   Qual è il vantaggio per me? Queste visualizzazioni possono migliorare la vita in tutta una serie di modi, dalla cura delle fobie all'aumento della fiducia in se stessi.

4. ABILITÀ INTERPERSONALI

Oltre al Milton Model, Bandler e Grinder hanno creato una serie di altre tecniche per comunicare e interagire con gli altri.

Qual è il vantaggio per me? Questi strumenti si possono impiegare per aumentare il rapport e la comprensione, nonché per dare maggior peso a quello che desideri dire.

Non tutto ciò che fa parte della PNL rientra precisamente in uno di questi quattro raggruppamenti, ma la maggior parte degli elementi si può ricondurre a queste etichette. Nel presente capitolo faremo delle rapide incursioni in ciascuno degli ambiti. Proseguiremo poi nel libro guardando in maggior dettaglio le varie tecniche, e scoprendo come utilizzarle per migliorare praticamente ogni aspetto della tua vita.

MODELLAMENTO

Cominceremo dal modellamento, poiché da esso ha avuto origine l'intera avventura della PNL negli anni Settanta. A quel tempo John Grinder insegnava alla University of California, Santa Cruz, e Bandler era uno studente del quarto anno. Nel libro *Whispering in the Wind*, Grinder racconta di come ogni settimana Bandler bussasse alla sua porta per invitarlo a partecipare al suo gruppo dedicato alla terapia Gestalt (una scuola di psicoterapia che pone l'accento sul funzionamento del sistema percettivo individuale). Ogni volta Grinder declinava l'invito, dichiarando di non aver bisogno di terapia. Solo alcune settimane dopo Bandler gli spiegò di volere che lui "trovasse un modo per descrivere" ciò che Richard e l'amico Frank Pucelik facevano in qualità di terapeuti. Bandler andava riscuotendo ottimi risultati, e Grinder riferisce che riusciva a provocare cambiamenti profondi e rapidi nelle persone, sebbene non sapesse come trasmettere le proprie abilità agli altri.

Grinder, che aveva un dottorato in linguistica trasformazionale, fu incuriosito a sufficienza da acconsentire a partecipare a una riunione, e fu immediatamente catturato dalla cosa. La collaborazione tra Grinder e Bandler portò non solo a una dettagliata analisi dei metodi di Fritz Perls (il padre della terapia Gestalt) impiegati da Bandler e Pucelik, ma in un secondo momento anche a uno studio simile sulle tecniche della "terapeuta familiare" Virginia Satir. Il tutto culminò nella creazione del Meta Modello, pubblicato nel primo libro di PNL, *La struttura della magia.*

PICCOLO GLOSSARIO: META

Il prefisso **"meta"**, che ricorre spesso in PNL, indica "l'andare al di là di qualcosa". Come hanno scritto Bandler e Grinder: "...ciascuno di questi maghi della terapia [Perls e la Satir] ha una mappa o un modello per cambiare i modelli del mondo dei propri clienti...". Meta implica anche cambiamento o trascendenza. Il Meta Modello si riferisce al processo di mettere in discussione modi superficiali e imprecisi di esprimersi verbalmente (e quindi anche di pensare) al fine di provocare cambiamento nelle persone.

L'INTUIZIONE

Considerato superficialmente, il modellamento potrebbe non sembrare particolarmente innovativo. Dopo tutto, chiunque di noi volesse imparare, poniamo, a giocare a tennis, guarderà automaticamente giocatori bravi per copiare ciò che fanno. La PNL, però, ha preso l'ovvio e lo ha raffinato creando tecniche che vanno ben al di là di quello che le persone normalmente farebbero. Essa trova inoltre applicazioni che non si limitano alle attività fisiche.

Cosa copieresti da uno dei migliori golfisti del mondo in azione? Il modo in cui tiene in mano la mazza? La posizione del corpo quando si prepara a colpire la palla? Il colpo? Tutte queste cose, ovviamente. E la dieta che segue il giocatore? E le immagini mentali che si forma quando guarda il campo? E le cose che dice tra sé e sé? E le scarpe che porta? E quel piccolo tic alla spalla subito prima di portare il colpo?

Verosimilmente la maggior parte delle persone non noterebbe questo tipo di cose, ma qualcuna di esse potrebbe essere importante. E se è così, come si fa a capire quale? Il modellamento della PNL ha le risposte a questo tipo di domande.

Ecco un'altra cosa speciale riguardo al modellamento. Cosa diresti se, da aspirante musicista, stessi osservando Yo-Yo Ma mentre suona il violoncello? Te lo dico io: diresti *non potrei mai suonare così.* Non è vero? E se incontrassi invece un uomo d'affari multimilionario? *Io non potrei mai farlo.* O un gran maestro di scacchi? Ancora una volta: *io non potrei mai farlo.*

La PNL non accetta l'idea che tu non potresti mai farlo. La PNL propugna la convinzione che possiamo fare qualsiasi cosa un'altra persona faccia, che si tratti di un'abilità fisica, mentale o emotiva. È una delle convinzioni di base, o "presupposizioni", della PNL.

PICCOLO GLOSSARIO: PRESUPPOSIZIONE

Le **presupposizioni** sono una serie di principi su cui si basa l'intero approccio della PNL, e che è raccomandabile seguire nella vita. La PNL si sta tuttora sviluppando, perciò si vanno aggiungendo nuove presupposizioni, ma la maggior parte dei coach ne insegna al massimo una ventina. La peculiarità è che non devono necessariamente essere "vere"; vedrai peraltro che ci sono anche altre cose in PNL che non devono necessariamente esserlo. L'elemento chiave è che le presupposizioni siano *utili* - e questo vale anche per il resto della PNL: devono migliorare la vita.

Ecco una presupposizione che riguarda il modellamento:

> **Se una persona è in grado di fare una cosa, chiunque può imparare a farla.**

Naturalmente non è vero alla lettera in ogni singolo caso: alcune persone partono con dei vantaggi che altre non hanno. Come principio guida, però, questa idea dovrebbe essere un elemento fondamentale del tuo modo di vedere le cose. Una volta che smetti di porre limiti a ciò che pensi di poter raggiungere e realizzare, ti apri possibilità illimitate.

ADESSO TOCCA A TE

Giusto per divertimento, compila una lista delle cose che, secondo te, "non sei in grado di fare", poi scrivi la ragione per cui "non puoi" fare ognuna delle cose. In una terza colonna valuta se la ragione è valida o meno. Ho incluso alcuni esempi per darti il via.

Cose che non sono in grado di fare	Perché non sono in grado	Ragione valida o meno
Ballare		
Parlare in pubblico		
Disegnare		
Suonare uno strumento		
Nuotare		
Fare soldi		

Quando diciamo che non possiamo o non siamo in grado di fare una cosa, abbiamo quasi sempre ragione. La ragione è semplice. Se pensiamo di non essere in grado di fare una cosa, non facciamo sforzi per riuscirci. Non impariamo. Non prendiamo lezioni. Non ci alleniamo. Diventa una profezia autoverificantesi.

Ma il fatto è che, se altre persone sono in grado di ballare (presupponendo di non avere degli handicap), *devi* essere in grado di farlo anche tu. Non c'è alcuna ragione valida per non poter fare ciò che altre persone sono riuscite a fare. Se le altre persone riescono a nuotare, *devi* poterci riuscire anche tu. Se altre persone riescono a guadagnare denaro, *deve* essere possibile anche per te. Potrebbe non essere facile. Potrebbe richiedere sacrifici. Potrebbe richiedere tempo. Ma *puoi farlo anche tu.*

Come? È la domanda che sorge spontanea, vero? Una risposta è quella di copiare le persone che hanno già avuto successo. A differenza di come si copia normalmente, il modellamento è un processo che ha inizio in modo intuitivo. È importante inizialmente non porre domande, né interiormente né alle persone interessate. Una delle ragioni è che le persone che stai modellando *potrebbero non sapere consciamente come fanno a fare quello che fanno.* Potrebbero *pensare* di saperlo. Ma potrebbero avere torto.

Tutti abbiamo esperienza di questo tipo di modellamento. Da piccoli abbiamo modellato i nostri genitori; abbiamo osservato le loro espressioni e riprodotto le stesse facce, abbiamo visto i loro gesti e li abbiamo ripetuti, abbiamo guardato come camminavano e lo abbiamo fatto anche noi. E tutto senza ancora saper parlare. A un certo punto, molto più tardi, ci siamo ribellati e abbiamo provato a fare tutto diversamente. Ma non ci siamo mai completamente riusciti, perché quel tipo di modellamento è difficile da cancellare (è per questo che le persone di mezza età tendono a vedersi trasformare nei propri genitori).

Torneremo più dettagliatamente sul modellamento in seguito. Per ora, ecco un piccolo esercizio, un assaggio di questo approccio intuitivo.

ADESSO TOCCA A TE

Guarda una parte di un film con un attore dallo stile riconoscibile, ma non cercare di descrivere l'attore a parole, né ad alta voce né nella tua testa. Limitati ad *assorbire* l'attore, guardando lo spezzone più volte. Poi prendi a copiarlo: lo stile degli abiti, la voce, l'impostazione, gli occhi, il modo di muoversi, e in particolare (questo è molto importante) i piccoli gesti e cambiamenti che in PNL chiamiamo micromovimenti.

L'INTUIZIONE

Uno dei miei hobby è cavalcare con la sella Western, e prima di sellare il mio cavallo spesso mi guardo uno spezzone di un film di cowboy. Questo non solo mi mette dell'umore giusto, ma cambia in maniera sottile il mio intero modo di essere, e in qualche misura la cavalcata va sempre meglio quando lo faccio.

IL MILTON MODEL

Per molti anni, Milton H. Erickson (1901-1980) è stato il più famoso ipnotista di tutti gli Stati Uniti. Per Bandler e Grinder, dopo che ebbero affinato le proprie tecniche di modellamento su Perls e la Satir, Erickson fu un obiettivo ovvio.

Stando al racconto di John Grinder in *Whispering in the Wind*, lui e Richard Bandler utilizzarono con successo le tecniche ipnotiche di Erickson per persuadere il famoso ipnotista a incontrarli in un momento in cui era "in ritiro" con i suoi tre più stretti discepoli e non riceveva visitatori. Utilizzando il volume *Advanced Techniques of Hypnosis and Therapy* (una raccolta degli articoli scritti da Erickson, curata da Jay Haley), i due avevano imparato svariate tecniche di induzione di trance, che avevano testato l'uno sull'altro. Poi avevano estratto ciò che ritenevano funzionasse meglio e compilato un discorso che incorporava delle variazioni sul tema di due "comandi nascosti": "Prendi tempo ora" e "Ci vedi ora".

PICCOLO GLOSSARIO: COMANDI NASCOSTI

I **comandi nascosti** sono parole o frasi contenute all'interno di altre frasi che, se dette ad arte, sono recepite dall'inconscio senza essere notate dalla mente conscia. Un modo per attrarre l'attenzione dell'inconscio su questi messaggi è quello di abbassare la tonalità o variare il volume della voce quando si pronunciano. Provate a leggere ad alta voce le due frasi seguenti, abbassando la tonalità o variando il volume della voce quando dite le parole in corsivo:

Puoi imparare quello che hanno fatto per *avere successo*.
Puoi convenire che è più sano *smettere di fumare*.

Grinder e Bandler avevano lanciato a quel punto una monetina, e a Grinder toccò il compito di telefonare a Erickson. Per due minuti e mezzo fece l'induzione ipnotica che avevano preparato, parlando con voce sempre più lenta, fino ad "arrivare semplicemente a fermarsi".

Seguì un mezzo minuto di silenzio, poi Erickson disse: "Giovanotti, venite qui immediatamente".

Questo aneddoto è entrato a far parte della mitologia della PNL, ma è discutibile fino a che punto Erickon fosse ipnotizzato. Il fatto è che i due gli erano già stati presentati da un comune amico, Gregory Bateson; a questo si aggiunge che Grinder e Bandler erano andati espressamente dalla California sino a Phoenix, in Arizona, dove Erickson viveva e lavorava. Sarebbe stato difficile per chiunque rifiutare una richiesta educata, specialmente se fatta da due giovani che avevano dimostrato così tanta dedizione.

Qualsiasi cosa successe quel giorno, il risultato fu che nei dieci mesi successivi Grinder e Bandler cominciarono a passare a intervalli regolari tre o quattro giorni da Erickson, per poi tornare in California a "torturare chiunque ci venisse a tiro con gli schemi linguistici che stavamo cercando ossessivamente di padroneggiare".

Grinder e Bandler conseguirono diversi importanti risultati. In primo luogo migliorarono ulteriormente le proprie abilità di modellamento; in secondo luogo trovarono ispirazione per sviluppare semplici tecniche capaci in alcuni casi di replicare i risultati di Erickson tramite studiate visualizzazioni (vedi sotto); in terzo luogo identificarono gli schemi linguistici chiave che Erickson usava per ottenere i suoi esiti straordinari. Questi ultimi divennero poi noti con il nome di "Milton Model" e furono pubblicati in dettaglio nell'opera *I modelli della tecnica ipnotica di Milton H. Erickson*, uscita in due volumi negli Stati Uniti nel 1975 e 1977, e in Italia nel 1984.
Erickson era convinto che l'inconscio è sempre in ascolto, ma che è necessario parlargli in un modo particolare. In larga misura autodidatta, aveva sviluppato i propri schemi linguistici tramite prove ed errori, come modo

per instillare suggestioni nella mente inconscia. Normalmente Erickson partiva inducendo una trance, ma i suoi schemi linguistici possono avere un profondo effetto anche su persone in un normale stato di veglia. Puoi quindi imparare il Milton Model come modo di essere più persuasivo nella vita quotidiana.

È etico utilizzare il Milton Model? In alcune circostanze forse no. Al tempo stesso, non si tratta di magia. Non *costringe* nessuno a fare niente. Semplicemente aiuta a comunicare in modo più efficace. Ogni giorno compiamo sforzi per convincere persone di diverse cose. Alcuni di noi usano i ragionamenti, altri alzano la voce, altri ancora ricorrono a gentile insistenza o fanno appello alla vanità altrui. C'è chi implora, chi offre incentivi e chi minaccia. Spesso nessuna di queste cose sembra funzionare. Il Milton Model è semplicemente un modo molto efficace di comunicare, che dovrebbe essere usato unicamente nei contesti appropriati.

L'essenza del Milton Model consiste nell'essere "abilmente vago", secondo l'espressione utilizzata da Bandler e Grinder nel loro libro. In altre parole, anziché dare istruzioni dirette ("Farai questo", "Non farai quello"), il Milton Model instilla un'idea. Questa sembra essere la modalità preferenziale per l'inconscio. L'altra persona poi lavora su quell'idea assorbita nel suo inconscio, perché la mente conscia non si è nemmeno accorta di essa, oppure perché non è in grado di comprenderla. In seguito la persona auspicabilmente arriva alla conclusione desiderata e agisce come volevamo, rimanendo sempre convinta di farlo di propria iniziativa.

STORIE E CITAZIONI

Quando ordiniamo alle persone di fare qualcosa, quando insistiamo fastidiosamente, o anche quando chiediamo in modo gentile e piacevole, è probabile che incontriamo qualche resistenza: alla maggior parte delle persone non piace sentirsi dire cosa fare. Se invece raccontiamo una storia che illustra in modo sottile quello che stiamo cercando di dire, l'inconscio dell'altra persona ne estrae il messaggio e l'effetto può essere alquanto profondo, perché quando dobbiamo elaborare le cose per conto nostro la soluzione si manifesta come una rivelazione e la ricordiamo meglio di quanto faremmo se ci fosse stata data direttamente.

L'INTUIZIONE

La poesia, quando è di qualità, funziona spesso così. Di primo acchito si potrebbe non comprenderla a livello logico, tuttavia intuitivamente si avverte una sensazione molto potente. È il potere che hanno le cose espresse in modo "abilmente vago".

Le citazioni funzionano un po' come le storie. Invece di dare direttamente un'istruzione (che potrebbe, come abbiamo detto, creare resistenze), citiamo un'altra persona, ad esempio: "Come diceva sempre il mio preside 'Se una cosa vale la pena di farla, vale la pena di farla anche male'", oppure "Ricordo sempre che mio nonno mi diceva 'Il bere è una debolezza'".

PRESUPPOSIZIONI

In questo contesto, una presupposizione è un modo di formulare le cose che ne dà certe altre per scontate, ad esempio il fatto che l'altra persona farà quello che vogliamo. Poniamo che tu sia un venditore di automobili. Anziché chiedere "Vuole comprare questa macchina?" dici "Vuole la consegna immediata o preferisce aspettare fino al mese prossimo?". Presupponendo che la vendita sia conclusa metti il cliente nella posizione di pensare ad altre opzioni, spostando l'attenzione conscia dalla questione se comprare o meno la macchina, e instillando nell'inconscio l'idea che l'acquisto è stato deciso. Questo tipo di presupposizione viene detto "doppio legame".

RICALCO E GUIDA

Ricalco e guida sono tecniche standard in ambito di ipnosi che si possono usare anche nella vita quotidiana.

PICCOLO GLOSSARIO: RICALCO E GUIDA

Ricalcare significa riproporre a una persona la sua esperienza, descrivendola ("I tuoi occhi si stanno chiudendo"), copiando il suo linguaggio del corpo, o facendo entrambe le cose.

Guida è ciò che viene dopo un ricalco andato a buon fine e comporta il guidare la persona verso ciò che si vuole che faccia o esperisca.

Quando riproponi a una persona la sua esperienza, instauri rapport e fiducia, perché la persona sa che ciò che dici è vero. Se attuato correttamente, il ricalco può anche causare stati alterati di coscienza. Come tecnica ipnotica è ben conosciuto, ad esempio: "Sei seduto comodamente sulla poltrona, le mani appoggiate delicatamente sulle ginocchia, la testa su un cuscino...". In un contesto di vita quotidiana il ricalco verbale deve però essere molto più ingegnoso, ad esempio: "Fred Bloggs, te ne stai là seduto su quella poltrona, con quel sorriso sulla faccia, e mi dici...".

CAUSA ED EFFETTO

Si tratta di un accorgimento che collega due affermazioni separate. Della prima si sa che è vera, e per questo è molto più probabile che anche la seconda sia accettata come tale, ad esempio: "Questo veicolo ha un motore con raffreddamento ad aria ed è il più affidabile per l'uso nel deserto". In questo esempio la persona a cui si parla sa che effettivamente il veicolo ha il motore raffreddato ad aria e crede che *a causa di questo* sia anche affidabile nel deserto, sebbene il legame causale non sia stato effettivamente espresso da chi sta comunicando. "Questo compito richiede un elevato grado di sensibilità e per questo lo affido a te" è un esempio più sottile e convincente di quanto lo sarebbe dire a una persona "Hai una grande sensibilità".

FORMULAZIONE

Erickson parlava perlopiù in modo delicato e caldo, ricorrendo a pause molto insolite e particolari tra le parole e le frasi. Ecco un esempio del suo approccio, adattato dalla trascrizione di una delle sedute del famoso ipnoterapeuta:

> ***"E quelle immagini mentali ti appartengono... e tu puoi goderti il fatto di riprendertele. E penso che il miglior modo di recuperarle... sia farlo prendendone una piccola e sentendoti del tutto deliziata per la cosa. Senza chiedere di più... ma semplicemente godendoti il piacere... la delizia di quel piccolo ricordo. E poi... senza quasi che tu te ne accorga... arriverà un altro piccolo ricordo che ti darà molto piacere... e gioia. E poi un giorno ti renderai conto... che hai veramente tutto. E quando uno usa la mente inconscia... uno lo fa... al ritmo e alla velocità... che sono propri dell'inconscio."***

Per sentire la viva voce di Erickson, vai su YouTube e digita "Milton H. Erickson" nel campo di ricerca.

AUTOIPNOSI

A volte Erickson insegnava ai clienti come autoindursi la trance, per poter continuare certi aspetti del trattamento a casa propria. Il metodo che sto per descrivere è però attribuito non a Erickson bensì a sua moglie Betty, che pure, come abbiamo ricordato, era un'ipnotista (all'idea di una coppia di coniugi ipnotisti che vivono nella stessa casa viene in mente tutta una serie di idee comiche, ma questa è un'altra storia).

Cos'è l'ipnosi? Derren Brown, il famoso mentalista televisivo britannico, dice che neanche lui sa veramente cosa sia. Quello che possiamo dire per certo è che si tratta di uno stato alterato di coscienza o, più specificamente, di uno stato di coscienza differente da quello che consideriamo come il nostro normale stato di veglia. Alcuni esperti descrivono la trance come una estrema dissociazione tra il conscio e l'inconscio.

In realtà andiamo tutti in trance diverse volte ogni giorno. Quando siamo totalmente assorbiti nella lettura e non ci accorgiamo delle cose attorno a noi, siamo in uno stato di trance. Niente più e niente meno. Quando colpiamo una palla con la mazza da golf o lanciamo una freccetta e otteniamo quasi perfettamente il risultato desiderato, siamo in uno stato di trance. Quando facciamo l'amore, siamo in uno stato di trance.

L'INTUIZIONE

Non aspettarti di restare sospeso a mezz'aria rigido come una tavola di legno: quel tipo di cose appartengono al palcoscenico degli illusionisti. Una volta però che avrai imparato a metterti in trance utilizzando queste tecniche, sarai in grado di operare cambiamenti significativi nella tua mente. Ho usato l'ipnosi con successo per questioni di ogni tipo. È essenziale, con questa e con altre potenti tecniche di PNL, svolgere anche un "controllo ecologico" per essere sicuri che i cambiamenti che si sta cercando di attuare vadano a beneficio nostro e di chi ci è attorno.

PICCOLO GLOSSARIO: CONTROLLO ECOLOGICO

Quando riprogrammi la tua mente inconscia ci possono essere conseguenze impreviste: non solo per te, ma anche per le persone che ti circondano. Svolgere un **controllo ecologico** comporta il fatto di indagare tutte le possibili conseguenze prima di procedere. Le domande chiave sono:
Cosa accadrà se ho successo nell'attuare questo cambiamento?
Cosa non accadrà se ho successo nell'attuare questo cambiamento?
Cosa accadrà se non ho successo nell'attuare questo cambiamento?
Cosa non accadrà se non ho successo nell'attuare questo cambiamento?

ADESSO TOCCA A TE

Fase 1: Mettiti in un posto comodo e tranquillo dove nessuno potrà disturbarti. Stenderti a letto non è una buona idea, perché potresti addormentarti. Potresti però sederti sul letto appoggiando la schiena a un cuscino, oppure sistemarti su una poltrona comoda.

Fase 2: Decidi la durata della tua seduta di autoipnosi. Inizialmente suggerirei dieci minuti. Dovrebbero bastarti per raggiungere uno stato di trance profonda, senza provare ansia perché stai "sprecando tempo" e senza aver bisogno di fare altre cose. A mano a mano che ti abitui all'autoipnosi potrai variarne la durata. Ad esempio, se lo scopo è quello di rilassarti dopo una giornata difficile o stancante, potresti desiderare di goderti questo stato per mezz'ora, un'ora o anche di più. D'altro canto, prima di una riunione importante, potresti avere a disposizione solo cinque minuti. Dunque, una volta che ti sarai comodamente sistemato, pronuncia qualcosa come "Adesso mi ipnotizzerò per dieci minuti". Potresti volere includere l'orario preciso, aggiungendo "Questo significa che uscirò dalla trance alle 19:30 (o qualsiasi altro orario)".

Fase 3: Questo è un passaggio chiave, poiché qui dichiari lo scopo della seduta di autoipnosi. Durante i tuoi esperimenti iniziali consiglio di cominciare con problemi di portata ridotta, lasciando quelli più seri per sessioni future, quando sarai più abile a usare questa tecnica. Le esatte parole non sono importanti. Andrà benissi-

mo "Sto entrando in uno stato di autoipnosi per poter affidare al mio inconscio il compito di...", oppure "Sto entrando in una trance per permettere alla mia mente inconscia di attuare degli aggiustamenti che mi aiuteranno a...".
Qualsiasi cosa tu dica, dovrà contenere il messaggio che stai invitando il tuo *inconscio* a prendersi carico della questione.

Fase 4: Dichiara come vuoi sentirti quando esci dalla trance. Potresti semplicemente desiderare di tornare a provare il tuo "normale stato di veglia", oppure di fare immediatamente uso del cambiamento compiuto dal tuo inconscio: in questo caso dì per esempio "...e quando esco dalla trance mi sentirò pieno di fiducia in me stesso e pronto a compiere il prossimo passo". Si potrebbe anche dare il caso che tu voglia semplicemente continuare a sentirti rilassato, o semplicemente andare a dormire.

Fase 5: Questo è il processo di autoipnosi vero e proprio. In buona sostanza coinvolgerai i tuoi tre principali sistemi rappresentazionali, uno alla volta, per indurre la trance. Nella prima parte del processo noterai cose che puoi effettivamente vedere, sentire e percepire *nella stanza in cui ti trovi*. Nella seconda parte noterai cose che puoi vedere, udire e percepire *in una scena immaginaria*.

La figura illustra l'intero processo. Nel diagramma i simboli sono:
V= sistema visivo, A= sistema auditivo, K= sistema cinestesico.

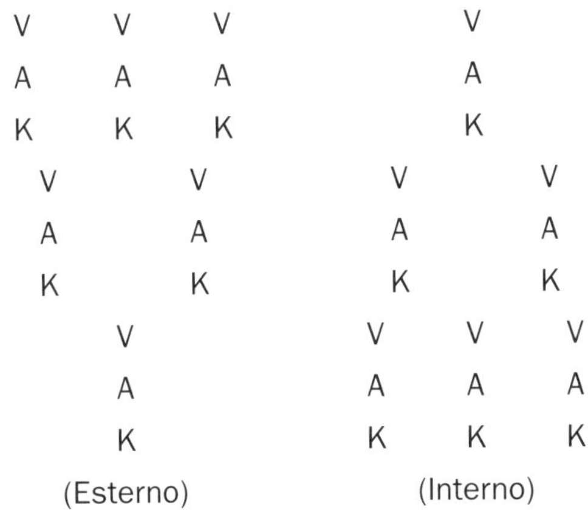

Figura 1.1 - Panoramica riassuntiva della procedura di autoipnosi

Durante questo processo alcune persone parlano con loro stesse interiormente, ma io ti consiglio di *dire tutto ad alta voce*. Per questo avrai bisogno di essere da solo e indisturbato. Magari pensi che il suono della tua voce potrebbe interrompere la trance, ma in realtà, se usata nel modo giusto, la voce intensificherà l'effetto (se tuttavia parlare ad alta voce per te non funziona, sentiti libero di parlare interiormente).

A) *Da dove ti sei sistemato comodamente, guarda qualcosa nella stanza di fronte a te e dì ad alta voce cosa vedi. Scegli cose che puoi vedere senza muovere la testa. Ad esempio, "Sto guardando la maniglia della porta". Poi, senza fretta, concentrati su un'altra cosa. Ad esempio, "Ora sto guardando un bicchiere di acqua sul tavolo". Poi passa a una terza cosa. Ad esempio, "Sto guardando l'interruttore della luce". Quando avrai i tuoi tre riferimenti visivi, passa al punto B.*

B) *Sposta l'attenzione sui suoni e, in modo analogo, nota tre cose che puoi udire, l'una dopo l'altra, dicendo ogni volta ad alta voce cosa senti. Poi passa a C.*

C) *Nota tre cose che puoi percepire con il tuo corpo. Ad esempio potresti dire "Percepisco la pressione tra le mie natiche e il sedile". Quando avrai passato in rassegna tre sensazioni, prosegui con il prossimo punto.*

D) *Ora ripeti le fasi da A a C, ma con due cose soltanto per ognuno dei sensi: due immagini, due suoni e due sensazioni. Devono essere cose* diverse *da quelle utilizzate in precedenza.* Parla con voce un po' più delicata.

E) *Ripeti nuovamente le fasi da A a C, ma ora con una cosa soltanto per fase: un'immagine, un suono e una sensazione. Ancora una volta, devono essere cose* diverse *da quelle precedenti.* Parla con voce ancora più delicata.

F) *Chiudi gli occhi (se non lo hai già fatto) e pensa a una scena, una qualsiasi. Può essere la prima cosa che ti viene in mente.*

G) *Utilizzando questa scena nella tua immaginazione, ripeti lo stesso procedimento appena messo in atto per la scena reale, ma in senso inverso, cominciando con un'unica cosa per ciascuno dei sensi: un'immagine, un suono e una sensazione. Quando lo avrai fatto, ripeti con due cose e poi con tre (di solito tre sono sufficienti, ma se hai deciso di fare una sessione prolungata potresti aver bisogno di continuare con la scena immaginaria, menzionando gruppi di quattro, cinque o ancora più cose per ciascuno dei sensi). Ricorda, ogni singola cosa deve essere* diversa. *Probabilmente ti renderai conto che a questo punto il tuo eloquio è automaticamente molto lento: in caso contrario, impegnati a* rallentare la tua voce sempre più.

H) *Una volta trascorso il tempo prestabilito, dovresti cominciare a uscire automaticamente dalla trance. Può però essere di aiuto annunciare "Conterò ora fino a tre, e quando arriverò al tre sarò (qualsiasi cosa tu abbia detto nella Fase 4)". Non preoccuparti di restare "intrappolato" in una trance: non succederà. Potresti sentirti leggermente frastornato per qualche tempo: in questo caso non guidare veicoli e non fare cose che richiedono una totale lucidità finché non sarai sicuro di essere presente a te stesso.*

L'INTUIZIONE

Questo metodo funziona se si fa in modo che l'inconscio si occupi dello scopo affermato all'inizio della sessione durante la trance autoipnotica, e probabilmente anche dopo. Ovviamente se si va da un ipnotista, si continua a ricevere suggestioni anche durante la trance, e questo potenzia l'effetto. Più avanti nel libro ti mostrerò come fare anche questo e potenziare così il metodo di Betty Erickson.

Se questa tecnica per indurre la trance non sembra essere ottimale per te, eccone due varianti da provare.

VARIANTE 1

Dopo aver completato la porzione "esterna" del metodo di Betty Erickson, chiudi gli occhi e visualizza te stesso come se fossi in piedi davanti a te. Guarda il tuo petto che si alza e si abbassa, e coordina il tuo effettivo respiro con quello che vedi. Poi, a partire dalla cima della testa, descrivi ciò che "vedi" riguardo alle tue sensazioni corporee interiori. Ad esempio, "C'è tensione nella mia fronte... sto strizzando gli occhi... ho la mandibola serrata...". Dopo aver passato in rassegna tutto il corpo, percepisci la mano che pare essere più leggera tra le due, poi dì "La mano che sento più leggera continuerà a esserlo sempre più e leviterà in su verso la mia faccia, con un movimento onesto e inconscio, sentendosi attratta dalla mia faccia, così che quando avrà toccato la mia faccia cadrò in una trance profonda". Una delle tue mani dovrebbe poi fare quanto descritto: se lo farà, andrai in trance.

VARIANTE 2

Se vai facilmente in trance, dopo aver completato la fase esterna del metodo Betty Erickson usa le stesse parole della fine della variante 1: "La mano che sento più leggera continuerà ad esserlo sempre di più e leviterà in su verso la mia faccia, con un movimento onesto e inconscio, sentendosi attratta dalla mia faccia, così che quando avrà toccato la mia faccia cadrò in una trance profonda". Una delle tue mani dovrebbe poi fare quanto descritto: se lo farà, andrai in trance.

VISUALIZZAZIONE

La PNL utilizza in misura considerevole la visualizzazione: è quindi un'abilità in cui, se non sei già molto bravo, devi impratichirti. Strettamente parlando, la parola "visualizzazione" si riferisce solo al "vedere" immagini nell'"occhio della mente" (ossia richiamare alla memoria dei ricordi, oppure creare fantasie), ma io uso il termine includendo anche cose che possiamo immaginare di sentire o di percepire. Una volta che avrai creato il tuo "cinema interiore", procederai poi a manipolare in diversi modi quelle che la PNL chiama "submodalità".

PICCOLO GLOSSARIO: SUBMODALITÀ

Più avanti ti chiederò di rendere le immagini che hai visualizzato più luminose o più scure, più grandi o più piccole, più vicine o più lontane, e via dicendo; ti dirò di rendere i suoni più forti o più lievi, di rendere le sensazioni più intense o più deboli. Nel gergo della PNL queste caratteristiche delle immagini, dei suoni e delle sensazioni interiori si definiscono **submodalità**.

Come ora saprai dall'esperienza con il metodo di Betty Erickson illustrato sopra, la visualizzazione è un modo per creare trance. "Trance" è una di quelle parole che evocano idee esagerate di ogni tipo, ma in realtà una trance è semplicemente uno stato diverso dal normale stato di veglia. Quando guardiamo la televisione, leggiamo un libro o sogniamo a occhi aperti, siamo in uno stato di trance.

Una volta indotta la trance, è più facile programmare la mente inconscia. In PNL la visualizzazione al tempo stesso induce la trance ed è essa stessa un programma. L'atto medesimo di visualizzare *automaticamente* convoglia il nuovo programma nell'inconscio, che è il luogo dove deve arrivare per poter essere efficace.

L'INTUIZIONE

Perché le tecniche di visualizzazione della PNL abbiano successo è essenziale che siano eseguite con sufficiente *intensità*. Le visualizzazioni devono essere create con "sentimento", se devono poi a loro volta creare un effetto emotivo.

UTILIZZARE LE SUBMODALITÀ

Quando abbiamo paura delle cose tendiamo a immaginarle *grandi*. Ad esempio, se hai paura dei cani, quando ci pensi probabilmente hai il muso di un cane che riempie completamente lo schermo della tua mente. Quando pensi a un luogo dove non vuoi andare – magari un ospedale – ne hai probabilmente un'immagine cupa e priva di colori. Magari ti senti schiacciato dal peso dell'edificio e ne senti persino l'odore. E cosa succede quando pensi a qualcosa di bello? Probabilmente i colori sono caldi e vivaci.

Il concetto alla base della PNL è la possibilità di prendere il controllo di queste cose a proprio vantaggio. Anziché permettere che il modo in cui ci sentiamo crei le submodalità, creiamo di proposito le submodalità che ci faranno sentire come preferiamo sentirci. In altre parole, invece di vedere il cane a tutto schermo, ne riduci le dimensioni. Invece di vedere un ospedale cupo, lo dipingi di colori vibranti.

La maggior parte delle persone probabilmente non si sono mai soffermate a pensare alle submodalità del loro cinema interiore. Se questo è anche il tuo caso, ecco un piccolo esercizio.

ADESSO TOCCA A TE

Stenditi in un luogo comodo e tieni un blocco e una penna a portata di mano.

Evoca l'immagine di una persona a cui vuoi veramente bene. Scrivi nel blocco le submodalità dell'immagine. Ad esempio: è a colori o in bianco e nero? È vivida o sbiadita? È grande o piccola? È al centro dello schermo mentale o su uno dei lati? Senti anche una "colonna sonora"?

Poi pensa a una persona che proprio non ti piace, e ancora una volta scrivi sul blocco le submodalità. Ecco una lista che potrebbe aiutarti:

Caratteristiche delle immagini (submodalità visive)
- Colore o bianco e nero
- Grandi o piccole
- Vicine o lontane
- Luminose o cupe
- In movimento o statiche
- A fuoco o sfocate

Caratteristiche dei suoni (submodalità auditive)
- Armoniosi o stridenti
- Volume alto o basso
- Tonalità alta o bassa
- Suono chiaro od ovattato
- Provenienza da vicino o da lontano

Caratteristiche delle sensazioni (submodalità cinestesiche)
- Pesante o leggero
- Ruvido o liscio
- Caldo o freddo
- Costante o intermittente
- Forte o debole
- Intenso o flebile
- Acuto o diffuso

- Battito cardiaco che aumenta o diminuisce
- Ritmo respiratorio che accelera o rallenta

Una volta che sarai diventato esperto nell'identificare le submodalità, il passo successivo è quello di cominciare a manipolarle di proposito.

ADESSO TOCCA A TE

Evoca alla mente uno dei tuoi sogni a occhi aperti preferiti, ma questa volta, invece di limitarti a guardarlo, comincia a manipolarlo in diversi modi. Ecco alcune idee:

- *Osserva la scena attraverso i tuoi occhi*
- *Cambia "telecamera" per vedere la scena dal punto di vista di un'altra persona*
- *Allarga il campo per vedere tutta la scena e tutte le persone coinvolte simultaneamente*
- *Fai uno split screen e mostra immagini diverse in diverse porzioni dello schermo*
- *Fai procedere una sezione del filmato al rallentatore*
- *Guardalo come una serie di diapositive*
- *Cambia "gli angoli di ripresa"*
- *Metti una colonna sonora*
- *Metti una colonna sonora completamente diversa*
- *Applica una leggera sfocatura*
- *Introduci una voce narrante di commento*
- *Ingrandisci e fai un primo piano*
- *Ingrandisci ancora di più*
- *Allarga il campo al massimo, allontanandoti e guadagnando una visuale di chilometri e chilometri*
- *Diminuisci l'illuminazione*
- *Passa dal colore al bianco e nero*
- *Metti un pianista di accompagnamento, come al tempo dei film muti*
- *Allarga l'immagine in modo che occupi l'intero schermo mentale*
- *Restringi l'immagine riducendola a metà dello schermo, poi a un quarto, e infine a un ottavo*

La manipolazione delle immagini è una parte importante della PNL, quindi più ti alleni a farla più sarai efficace. Non preoccuparti se non riesci a vedere “veramente” le immagini in modo molto chiaro o per tempi lunghi. Per la maggior parte delle persone è così.

Ogni volta che manipoli l’immagine, chiediti che effetto abbia su di te. Quale impatto produce sulle tue emozioni? Ad esempio, potresti sentirti:

- *più/meno eccitato*
- *più/meno coinvolto*
- *più/meno positivo*
- *più/meno felice*
- *più/meno spaventato*

Il prossimo esercizio potrebbe funzionare per alcuni ma non per altri. È utile sapere *dove* le immagini si collocano a seconda delle emozioni che evocano. Ad esempio, qualcuno potrebbe dire subito che le immagini positive per lui sono in alto a destra, e quelle negative in basso a sinistra. Se il tuo caso è analogo, hai un modo per manipolare le tue emozioni spostando le immagini in posti diversi. Altri invece potrebbero rimanere del tutto confusi dalla domanda. Se non sei veramente conscio delle tue immagini mentali in posizioni diverse, concediti del tempo per sperimentare con diversi tipi di scene che evocano in te sensazioni diverse. Se sei ancora incerto a riguardo, prova a prendere l’immagine di una persona che ami e a metterla di proposito in posizioni diverse. Ci sono alcune posizioni che paiono scorrette o innaturali? C’è una posizione in cui l’immagine appare al posto giusto? Se a questo punto pensi ancora che ogni immagine si trovi solo direttamente di fronte a te, prova a indicare con il dito, a occhi chiusi, dove si trova l’immagine nello spazio. Apri poi gli occhi e guarda dove punta il dito: potresti rimanere sorpreso. Tuttavia, se risultasse ancora che hai tutte le tue immagini di fronte, non preoccuparti. Non è niente di anormale.

L'INTUIZIONE

Concediti ogni giorno il tempo per fare questi esperimenti con le submodalità, per verificare se riesci a migliorare la tua capacità di visualizzare. Se magari fai il pendolare e compi viaggi quotidiani su treno o autobus, questo può essere un ottimo modo creativo di impiegare i tempi morti.

SWISH

Lo Swish è una famosa tecnica di visualizzazione della PNL. Essenzialmente si tratta di scambiare rapidamente un'immagine con un'altra, in maniera tale che le submodalità della prima vengano trasferite alla seconda. Più avanti nel libro vedremo come funziona questo processo.

SPINNING

La PNL vede il corpo come una cosa talmente intimamente connessa al cervello da esserne un'estensione. Quando un ricordo (una visualizzazione) ti fa girare la testa, ti ribalta lo stomaco, ti spezza il cuore, o ti fa sentire le farfalle nella pancia, stai identificando modi in cui i tuoi pensieri si manifestano nel corpo.

Ecco una domanda: quando visualizzi qualcosa e provi una determinata sensazione o emozione, *in quale luogo* del tuo corpo ne fai esperienza? E si *muove*? *Gira su un asse*?
Ancora una volta, si tratta di un concetto che per alcune persone è immediato, e per altre no. Prova a protendere un braccio di fronte a te, o leggermente di lato, e a parlare poi di qualcosa: nota come il braccio fa dei movimenti spontanei. Può essere meglio avere qualcuno che ti osserva, in maniera tale che tu non debba pensare alla mano e possa lasciarla al suo comportamento naturale. Potresti trovare che la tua mano si muova come se stesse facendo girare qualcosa. Se è così, nota come si muove quando parli di qualcosa di positivo, e come, quando invece parli di cose negative. Con ogni probabilità i due movimenti saranno diversi.

Una volta stabilito quale movimento è associato alle cose positive e quale a quelle negative, potresti rimanere sorpreso nel notare che a volte la mano si muove nella direzione “sbagliata”. Ad esempio, è possibile che mentre descrivi qualcosa di pericoloso la tua mano si muova nella direzione positiva. Ciò dipende dal fatto che provi eccitazione per essere scampato a un pericolo, oppure orgoglio per come ti sei comportato: entrambe emozioni positive. La tua mano dunque rifletterà probabilmente come ti senti riguardo alla cosa, e non tanto le proprietà della cosa in sé.

Identificato il fenomeno delle sensazioni che girano, puoi ora cominciare a controllarlo e così facendo controllare e dirigere anche le tue emozioni. Puoi farle girare più velocemente o più lentamente. In altre parole, muovi la mano a seconda di come vuoi sentirti. Anche se inizialmente non hai sentito il fenomeno come naturale, puoi comunque notare che ha un chiaro effetto. Se fai girare più in fretta, ciò che provi si intensifica, mentre rallentando diminuisce. E ovviamente puoi provare a invertire la direzione per creare l’emozione opposta. Se per te funziona, ottimo! In caso contrario, non preoccuparti.

ABILITÀ INTERPERSONALI

Ho scelto il titolo “abilità interpersonali” per raggruppare diverse importanti tecniche di PNL. Molte di esse derivano anche dall’operato di Milton Erickson, il quale era convinto che per poter influenzare qualcuno fosse prima necessario instaurare rapport.

ADESSO TOCCA A TE

Ecco un piccolo assaggio dei metodi che impareremo più avanti nel libro. Cerca di stabilire rapport con una persona che hai appena incontrato, nei seguenti modi.

1. *Ricalcando e rispecchiando, ossia copiando sottilmente, il suo linguaggio del corpo.*

PICCOLO GLOSSARIO: RICALCARE E RISPECCHIARE

Ricalcare significa copiare per approssimazione il linguaggio del corpo di un’altra persona.
Rispecchiare significa copiare il linguaggio del corpo di un’altra persona in maniera precisa, come se ne fossimo una immagine speculare. Ad esempio: se l’altra persona si reclina sullo schienale, lo fai anche tu, se si tocca il mento con la mano, ripeti il gesto, e così via.

2. *Copiando sottilmente il modo in cui si esprime. In particolare, notando se ha un sistema rappresentazionale primario, che potrebbe essere visivo, auditivo o cinestesico, e utilizzando poi il medesimo tipo di linguaggio.*

PICCOLO GLOSSARIO: SISTEMA RAPPRESENTAZIONALE PRIMARIO

Il **sistema rappresentazionale primario** di una persona è il modo in cui questa di preferenza esperisce interiormente o ricorda le cose. Per molte persone l’esperienza primaria è quella visiva, mentre altre “pensano” prima per suoni o per sensazioni. Alcuni potrebbero tendere a usare di più gusto e olfatto, e la cosa diventa assai più comune quando si parla di cibo. Ne troviamo indizio nelle parole che le persone utilizzano, ad esempio: "Così *a prima vista* sembra tutto piuttosto *chiaro*", "Mi *suona* bene, siamo in *sintonia*", "*Mi sento un po' così* a riguardo, ma *teniamoci in contatto*".

3. *Ripetendo ciò che la persona ha detto prima di introdurre idee nuove. Si tratta di una variante delle tecniche di ricalco e guida, descritte quando si parla del Milton Model alle pagine 36-41. Ad esempio: "Dici che dovremmo andare in un posto diverso quest'anno e provare nuove cose, come una vacanza in Marocco. È un'ottima idea. Che ne dici di andare a fare immersioni ai Caraibi?".*

Mentre fai tutte queste cose, è sempre necessario calibrare.

PICCOLO GLOSSARIO: CALIBRARE

Calibrare significa osservare attentamente il comportamento non verbale della persona e usarlo per misurare il suo stato emotivo. Ad esempio, potresti notare il tono di voce, il colorito della pelle, la postura, la gestualità, i micromovimenti, e via dicendo.

Se calibrando non ottieni l'effetto che desideri, dovrai ovviamente variare le tue tecniche. (Vedi, tra le presupposizioni che seguono, quella che afferma: se quello che stai facendo non funziona, fai qualcosa di diverso*).*

PRESUPPOSIZIONI

Prima di lasciare questa discussione sulle basi della PNL dobbiamo trattare un ultimo argomento: le presupposizioni. Ne abbiamo già incontrata una quando abbiamo discusso il modellamento, che ripetiamo qui sotto:

- *Se una persona riesce a fare una cosa, chiunque può imparare a farla*

Ecco le altre principali presupposizioni:

- *La mappa non è il territorio*
- *Ognuno vive nel proprio particolare e unico modello del mondo*
- *L'esperienza ha una struttura*
- *Le persone hanno già tutte le risorse di cui hanno bisogno*
- *La mente e il corpo sono parti di un medesimo sistema*
- *Non puoi* non *comunicare*
- *Il significato di ciò che comunichi è la risposta che ottieni*
- *Dietro a ogni comportamento vi è un'intenzione positiva*
- *Le persone fanno sempre la scelta migliore a loro disposizione*
- *Se quello che stai facendo non funziona, fai qualcosa di diverso*
- *Non esiste fallimento, ma solo feedback*
- *Le persone funzionano alla perfezione*
- *Più una persona è flessibile, più è probabile che ottenga ciò che desidera*
- *Avere scelte è meglio che non averne*

Consideriamole ora più nel dettaglio.

LA MAPPA NON È IL TERRITORIO

Ovviamente una mappa di carta è una rappresentazione della realtà e non il territorio che rappresenta: tutti ce ne rendiamo conto. Eppure molti di noi probabilmente sono convinti che le proprie "mappe interiori" del mondo rispecchino in modo accurato il modo in cui il mondo effettivamente è. Le cose, tuttavia, non stanno così. Si tratta di semplici interpretazioni dei dati. Bandler e Grinder non sono certamente stati i primi a fare questa osservazione; la presupposizione in questione viene solitamente attribuita ad Alfred Korzybski (1879-1950), ma l'idea di fondo è molto più antica.

Nessuno di noi vuole sentire di vivere in un mondo immaginario; preferiamo credere di vedere il mondo come effettivamente è. E tuttavia, se ci rendiamo conto che ciò che vediamo è in un certo senso "una fantasia", ci avviciniamo di più all'essenza vera delle cose. Una volta che avrai accettato questa idea, il senso delle visualizzazioni diventerà molto più evidente.

Lascia che ti ponga alcune domande:

- *Hai mai sentito qualcuno raccontare di essere andato in vacanza in un posto e di aver trovato la gente poco cordiale e ospitale, per poi visitarlo anche tu e fare esperienza del contrario?*
- *Hai mai sentito qualcuno dire che fa freddo, quando secondo te fa caldo, o viceversa?*
- *Hai mai sentito qualcuno dire che una cosa è difficile quando tu pensi invece che sia facile, o viceversa?*
- *Hai mai richiamato l'attenzione su qualcosa che hai visto o sentito, e che tuttavia nessun altro aveva notato?*

Sono solo alcuni esempi tratti dalla vita quotidiana per mostrare che, in una certa misura, tutti noi creiamo le nostre versioni individuali del mondo.

Qual è il vantaggio per me? Questo significa che puoi a tutti gli effetti "cambiare il mondo" cambiando il tuo modo di guardarlo. Se sei infelice perché sei convinto che "la vita è terribile", perché non cambi quella convinzione? Perché non pensare invece a tutte le cose meravigliose che ci sono al mondo?

Ne *La Struttura della magia*, Bandler e Grinder hanno mostrato come le persone arrivassero da loro zavorrate da una visione molto negativa delle proprie vite e della vita in generale. Immancabilmente i due concludevano che "il dolore e l'insoddisfazione" erano dovuti alle "limitazioni" che quelle persone imponevano a loro stesse per via del modo in cui si rappresentavano il mondo, e che non dipendevano dal mondo (almeno non dal mondo per come lo percepiscono le persone felici).

Questo è un punto chiave. Lascia per un attimo che il significato della cosa penetri dentro di te. Sei la persona più attraente del pianeta? Ti sentirai come se lo fossi, se sei convinto di esserlo. Hai la casa più bella del mondo? Ti sentirai come se lo fosse, se sei convinto che sia così. Hai il lavoro più interessante del mondo? Se sei convinto che lo sia, per te è a tutti gli effetti così.

OGNUNO VIVE NEL PROPRIO PARTICOLARE E UNICO MODELLO DEL MONDO

Ora che sappiamo che queste mappe interiori sono solo interpretazioni, possiamo vedere chiaramente che ognuno ne ha di leggermente diverse. Prova a chiedere a sei differenti persone un parere su un politico, un argomento, un cibo o un libro, e otterrai sei risposte diverse.

Qual è il vantaggio per me? Quando sei in disaccordo con qualcuno, è utile cercare di capire il modello del mondo *dell'altra persona.* A quel punto puoi intraprendere la ricerca di una soluzione che sia compatibile con *il suo* modello, un'operazione che porta anche a maggiore comprensione e capacità di accettare comportamenti diversi dai tuoi.

L'ESPERIENZA HA UNA STRUTTURA

L'idea contenuta in questa affermazione è che le informazioni derivate dai nostri sensi sono codificate in maniera sistematica nei nostri cervelli, che proprio come i computer hanno un determinato e specifico modo di immagazzinare i dati.

Qual è il vantaggio per me? Una volta che avrai capito come funziona la tua mente, se lo desideri potrai riprogrammarla. Parimenti, una volta che avrai appreso il modo in cui un'altra persona codifica le proprie esperienze, potrai porti in relazione con essa e influenzarla con maggiore efficacia.

LE PERSONE HANNO GIÀ TUTTE LE RISORSE DI CUI HANNO BISOGNO

Questa presupposizione, che è un'importante componente della filosofia di Erickson, è collegata alla precedente. Non significa che sappiamo già fare qualsiasi cosa, come ad esempio suonare il violino, ma che abbiamo già in noi tutti gli elementi necessari per fare ciò che desideriamo (le strutture mentali, le capacità di ragionamento, le emozioni, le esperienze e via dicendo) e questo ci mette in condizione di risolvere i nostri problemi e conseguire i nostri obiettivi. Bisogna però conoscere il modo per accedere a queste risorse.

Qual è il vantaggio per me? Questo significa che puoi mettere in atto un approccio fiducioso a qualsiasi cosa tu decida di imparare a fare, armato degli strumenti che presentiamo in questo libro.

LA MENTE E IL CORPO SONO PARTI DI UN MEDESIMO SISTEMA

Quando pensi a qualcosa di deprimente, probabilmente incurvi le spalle e la tua testa pende verso il basso, direzione nella quale volgi anche il tuo sguardo: la tua mente produce un effetto sul tuo corpo. Se però poi vai fuori, a fare una bella corsa rinvigorente al sole, è probabile che tu ti senta più ottimista: il tuo corpo produce un effetto sulla tua mente. La PNL vede a tutti gli effetti la presenza della mente non solo nel cervello, ma in tutto il corpo.

Qual è il vantaggio per me? Questa presupposizione apre nuove possibilità per cambiare il modo in cui pensi e quindi anche quello in cui vivi. Puoi influenzare il tuo stato fisico a seconda di come pensi, e influenzare il tuo modo di pensare compiendo determinate azioni con il tuo corpo.

NON PUOI NON *COMUNICARE*

È molto importante rendersi conto che noi comunichiamo di continuo, che sia nostra intenzione o meno. Anche il silenzio è una forma di comunicazione: può significare "Non mi piaci, ti trovo noioso" in un caso, ma anche "Mi sento molto a mio agio con te" in un altro. L'interpretazione corretta dipende da segnali di altro tipo, come per esempio quelli del linguaggio del corpo.

Qual è il vantaggio per me? Quando sei con persone particolarmente sensibili devi renderti conto che stai comunicando loro tutta una serie di cose, anche se non dici quasi niente. Coltivando la tua sensibilità alla comunicazione, inoltre, puoi imparare molto sugli altri. Ad esempio, osservando se le persone sono congruenti a livello verbale e non verbale (se dicono cioè le stesse cose con le parole e con il corpo) si può capire se sono o meno sincere. Per essere un comunicatore efficace e credibile, devi essere congruente in prima persona.

IL SIGNIFICATO DI CIÒ CHE COMUNICHI È LA RISPOSTA CHE OTTIENI

La maggior parte di noi a volte prova frustrazione, irritazione e persino rabbia quando qualcuno, dal nostro punto di vista, interpreta male ciò che diciamo. Ma la "mappa mentale" di ognuno è leggermente diversa, e il modo per giudicare l'efficacia della nostra comunicazione sta non in ciò che volevamo dire, ma in ciò che l'altra persona capisce.

Qual è il vantaggio per me? Questa presupposizione pone la responsabilità per la chiarezza della comunicazione interamente su chi sta comunicando. Se l'altra persona non reagisce come ti saresti aspettato, o esegue un'istruzione nel modo sbagliato, devi accettare che la tua comunicazione è stata inefficace, e trovare un modo migliore di esprimere ciò che desideri.

DIETRO A OGNI COMPORTAMENTO VI È UN'INTENZIONE POSITIVA

A volte può essere molto difficile capire le altre persone e il perché dei loro comportamenti. Questa semplice idea è fondamentale: nella loro mente, le persone si figurano sempre di fare qualcosa di positivo. Anche i comportamenti apparentemente più negativi si possono spiegare in questo modo. Una persona potrebbe fumare e correre un rischio per la propria salute con l'intenzione positiva di essere accettata da un gruppo. Questo vale tanto per gli altri quanto per noi stessi.

Qual è il vantaggio per me? Questa è una presupposizione in grado di mostrarti un nuovo modo di vedere la vita. Una volta che ti sarai reso conto che c'è un'intenzione positiva dietro a ogni comportamento, potrai procedere a individuarla e, laddove sia il caso, trovare modi migliori di raggiungere quel risultato.

LE PERSONE FANNO SEMPRE LA SCELTA MIGLIORE A LORO DISPOSIZIONE

Secondo questa presupposizione, strettamente legata alla precedente, le persone optano sempre per quella che appare l'opzione migliore al momento. Quando analizziamo dall'esterno la situazione di un'altra persona verosimilmente vediamo strade migliori da percorrere, delle quali tuttavia la persona poteva non essere conscia, oppure dubitare del fatto che fossero a sua disposizione.

Qual è il vantaggio per me? Se accetti che potrebbero non aver avuto "a disposizione" le opzioni che avresti avuto tu al loro posto, migliorerai la tua comprensione delle altre persone. Parimenti, anziché rimproverarti le scelte che hai fatto nel passato, puoi renderti conto che in effetti hai colto l'opzione migliore che eri in grado di vedere allora. La PNL è tutta una questione di aumentare le scelte che abbiamo a disposizione.

SE QUELLO CHE STAI FACENDO NON FUNZIONA, FAI QUALCOSA DI DIVERSO

Quando compiamo certe azioni o produciamo certi pensieri, otteniamo specifici risultati, e se ripetiamo quelle azioni o pensieri, di solito otteniamo nuovamente gli stessi risultati. Niente di strano. E se siamo soddisfatti di questi risultati, tutto bene. Ma se non lo siamo?
Un esempio comico è il caso in cui si cerca di comunicare con una persona che non parla la nostra lingua e si finisce per ripetere sempre le stesse parole, ma a voce sempre più alta. Ovviamente una soluzione migliore sarebbe trovare un modo diverso, in questo caso altre parole e gesti. Alcune versioni di questa presupposizione aggiungono "fai qualsiasi altra cosa". Qualsiasi altra cosa sarà migliore di una che abbiamo già assodato non funzionare. Come dice Richard Bandler: ci sono idee che possono sembrare ottime, ma se poi nei fatti non funzionano bisogna scartarle e buttarle nel mucchio delle ruote quadrate.

Qual è il vantaggio per me? Questo accelera le cose di parecchio: non perdi più tempo a ripetere errori, e cerchi invece immediatamente modi migliori di fare le cose.

NON ESISTE FALLIMENTO, MA SOLO FEEDBACK

Per la PNL dovremmo comportarci tutti come bambini ancora privi del senso di fallimento. I bambini piccoli continuano semplicemente a provare e riprovare, ad andare gattoni, a camminare, a parlare, finché non ci riescono. Il concetto di fallimento sembra essere una cosa che sviluppiamo più avanti nella vita, e che spesso ci limita. La storia è piena di uomini e donne famose che sono arrivati a trionfare proprio dopo molti apparenti fallimenti.

Qual è il vantaggio per me? Se preferisci non tentare per paura di "fallire", limiti pesantemente le opportunità a tua disposizione. Guarda invece a ogni tentativo come a un modo per ottenere feedback su cosa non funziona, e arrivare per eliminazione a cosa invece produce i risultati che desideri. Non pensare mai in termini di "fallimento".

LE PERSONE FUNZIONANO ALLA PERFEZIONE

L'autostima è molto importante in PNL, una disciplina che mira sempre a vedere le persone in termini positivi. Una persona che passa molto tempo a non fare niente è vista come un esperto di rilassamento; una molto timida come un esperto nel godersi la solitudine, e così via.

Qual è il vantaggio per me? È importante non catalogare gli altri o se stessi con etichette negative: c'è il rischio di finire per crederle vere.

PIÙ UNA PERSONA È FLESSIBILE, PIÙ È PROBABILE CHE OTTENGA CIÒ CHE DESIDERA

Osserva ciò che avviene in natura. Le creature più adattabili sono le più numerose, quelle con maggior successo evolutivo. Se, come fanno i panda, insisti a mangiare esclusivamente un tipo di bambù e null'altro, rischi di estinguerti.

Qual è il vantaggio per me? È importante essere capaci di adattarsi alle circostanze che cambiano, soprattutto nel nostro mondo mutevole e frenetico.

AVERE SCELTE È MEGLIO CHE NON AVERNE

Se reagisci sempre nello stesso modo negativo a un certo tipo di situazione, a tutti gli effetti non hai scelta.

Qual è il vantaggio per me? Uno degli scopi fondamentali della PNL è quello di metterti a disposizione una rosa di scelte, più libertà rispetto a quanta ne hai ora, perché tu non debba vivere come un automa.

Via via che procediamo in questo libro incontreremo queste presupposizioni in diversi contesti, ma anche così come sono esse costituiscono dei motti utili che puoi ripetere a te stesso. Ad esempio, quando dubiti della tua capacità di fare qualcosa, puoi ripetere "Ho tutte le risorse di cui ho bisogno", oppure "Altre persone riescono a fare questa cosa, quindi posso imparare a farla anche io". E quando sei frustrato per la tua incapacità di comprendere le azioni di qualcuno che ti è vicino, potrebbe esserti di aiuto ricordare che "ognuno vive nel proprio particolare e unico modello del mondo" e che "dietro a ogni comportamento vi è un'intenzione positiva".

ADESSO TOCCA A TE

Memorizza le presupposizioni e utilizzale ripetendotele perché ti facciano da guida.

10 COSE DA RICORDARE

1. *La PNL è un insieme di tecniche studiate per darti il controllo della tua mente.*
2. *Quando quella "vocina nella tua testa" è negativa, puoi semplicemente dirle di "chiudere il becco".*
3. *La PNL può essere divisa in quattro aree principali: modellamento, Milton Model, visualizzazione e abilità interpersonali.*
4. *Il modellamento è un modo specifico di copiare le abilità di geni ed esperti, a partire da un assorbimento inconscio delle loro abitudini.*
5. *L'inconscio è sempre in ascolto, ma è necessario parlargli in un modo particolare.*
6. *Puoi facilmente autoindurti la trance utilizzando il metodo di Betty Erickson.*
7. *La visualizzazione induce la trance e programma automaticamente l'inconscio al tempo stesso.*
8. *Modificando le qualità delle visualizzazioni puoi cambiare ciò che provi riguardo alle cose.*
9. *Puoi stabilire rapport copiando il linguaggio del corpo di un'altra persona e il modo in cui parla.*
10. *Le presupposizioni, le idee alla base della PNL, si possono anche utilizzare come motti motivanti da ripetere a se stessi.*

COME ME LA STO CAVANDO?

- *Quando la "vocina nella testa" è stata negativa, sei riuscito a dirle di "chiudere il becco"?*
- *Hai provato a modellare qualcuno?*
- *Sei riuscito a esercitare influenza su qualcuno utilizzando il Milton Model?*
- *Sei riuscito ad autoindurti la trance?*
- *Sei stato in grado di far girare una sensazione più velocemente, più lentamente, e nella direzione opposta?*
- *Hai migliorato il rapport con un'altra persona utilizzando il linguaggio non verbale, le parole, e il ricalco e guida?*
- *Hai trovato utili una o più delle presupposizioni come "proverbi" da ripeterti?*

Provare queste abilità di base della PNL è molto divertente, e ne avrai sempre maggiore bisogno a mano a mano che procederemo in questo libro. Se le tue risposte non sono state affermative per almeno cinque delle domande qui sopra, vai a rivedere le relative parti del capitolo ed esegui gli esercizi pratici.

CAPITOLO

2

Trasforma il tuo passato

In questo capitolo imparerai:

- **come dimenticare ricordi spiacevoli**
- **come riscrivere il passato**
- **come trasformare il fallimento in feedback**
- **come gestire e affrontare ansie, paure e fobie**

Ognuno vive nel proprio particolare e unico modello del mondo
Presupposizione di PNL

Quando guardi alla tua vita passata fino a oggi, probabilmente essa sembra raccontare una storia. Spesso ti parrà che la tua situazione presente ne sia il risultato inevitabile, che fosse tutto quasi predeterminato fin dall'inizio. Tutto sembra portare, passo dopo passo, a dove ti trovi ora.

Se sei contento e soddisfatto di tutti quei passi compiuti nel passato, e di dove ti hanno portato, puoi saltare direttamente questo capitolo. Ma la maggior parte di noi ha nel passato motivi di rammarico. Errori compiuti che tornano continuamente a tormentarci; opportunità che non abbiamo colto; torti che abbiamo subìto. Molti trovano difficile essere felici *nel momento presente* per via del passato. E per quanto riguarda il futuro, il passato può sembrare una palla al piede che ci trasciniamo dietro e che ci rallenta anche là. Proprio come il presente può sembrare una fermata su un binario dritto che parte dal passato, così anche il futuro può apparire come un'estensione della medesima traiettoria: ma non deve necessariamente essere così.

Puoi pensare alla tua vita passata come a qualcosa di fisso e immutabile, che tuttavia non è. Possiamo tornare indietro e cambiare quei passi compiuti. Possiamo spezzare la catena che ci lega la palla al piede. Possiamo cambiare traiettoria. Facendolo, possiamo stare meglio nel presente e procurarci un nuovo futuro.

Magari è una cosa che trovi difficile da immaginare. Dopotutto il tuo passato è un fatto assodato, no? Cambiare i fatti non sarebbe semplicemente *mentire*? Ebbene, se ti sei mai interessato di storia, avrai notato che storici diversi vedono le cose in maniere alquanto differenti: studiano gli stessi periodi negli stessi luoghi, ma fanno emergere informazioni diverse e arrivano a interpretazioni diverse. E tu puoi fare lo stesso. Puoi:

- *ignorare qualunque avvenimento del passato tu voglia*
- *interpretare in maniera diversa gli eventi passati che decidi di ricordare*
- *trasformare il passato, qualunque esso sia, in una risorsa capace di fornirti un futuro migliore*

TIME-LINE

Innanzitutto dovrei sottolineare che la PNL, in effetti, non si interessa particolarmente del passato: non nel senso di andare a scavare nel nostro passato o nella nostra infanzia per scoprire quali eventi, traumatici o meno, hanno fatto di noi le persone che siamo oggi. È un approccio completamente diverso da quello di certe forme di terapia in cui si passano mesi o addirittura anni a cercare di scoprire le circostanze che hanno formato un certo modo di vedere le cose. Bandler dice sempre che non gli serve sapere *come* la persona è diventata in un certo modo, gli basta sapere come fa a *continuare a rimanere* così. E sorride sempre quando fa notare che il bello del passato è che è passato.

Nel loro volume *Ipnosi e trasformazione*, Bandler e Grinder raccontano del caso di due giovani donne che erano state rapite insieme. Una ricordava tutto in modo vivido, e per questo motivo era "un disastro di problemi". L'altra aveva una completa amnesia e stava "bene". I co-fondatori della PNL sottolineano come, in questi casi, sia necessario considerare con cautela "se ha veramente senso… sapere cosa è successo". Se la risposta è no, recuperare i ricordi "può causare solo… sofferenza".

Lascia che ti ponga qualche semplice domanda. Cosa facevi a quest'ora una settimana fa? Che vestiti indossavi? Cosa hai mangiato per cena il secondo giorno delle tue vacanze l'anno scorso? Che voto hai preso in matematica alla fine dell'anno quando avevi sedici anni? Non serve che insista. Dimentichiamo la maggior parte della nostra vita passata. Da qualche parte nel cervello le informazioni magari ci sono, e possono avere un impatto su di noi nel presente, ma non possiamo ricordarle a livello conscio. Ciò che chiami "la tua vita passata" non è altro che una ristretta selezione di eventi che *hai scelto* di ricordare.

Quando raccontiamo a qualcuno del nostro passato, per quanto pensiamo di essere onesti, inevitabilmente offriamo all'interlocutore una distorsione. Questo è un punto su cui torneremo più avanti. Per ora rimaniamo sull'idea che ciò che concepiamo come nostro passato non è altro che un costrutto di cose derivante da una nostra selezione. Un'altra persona, guardando alla tua vita fino a oggi, potrebbe scegliere come rappresentativi fatti molto diversi da quelli che hai scelto tu.

Esaminiamo ora brevemente il tuo passato con un occhio nuovo. Deselezioniamo gli eventi passati che ti causano problemi e, per così dire, rimpiazziamoli con ricordi più positivi. Sottolineo che in questo esercizio non altereremo i "fatti", e non devi preoccuparti di mentire a te stesso o ad altri.

La prima cosa da fare è scoprire la tua time-line.

PICCOLO GLOSSARIO: TIME-LINE

Il modo in cui codifichiamo immagini, suoni, sensazioni, odori e gusti nel passato, e il modo in cui lo facciamo anticipando il futuro, costituisce quella che in PNL chiamiamo una **time-line**.

Il modo per scoprire la tua time-line consiste nel pensare a qualcosa di neutro che hai fatto piuttosto spesso e che continuerai a fare in futuro. Un'attività regolare che non suscita forti emozioni, né positive né negative. Potrebbe essere lavarsi i denti, fare colazione o andare al cinema, ad esempio.

Pensa a un'occasione in cui hai fatto questa cosa recentemente, un mese fa, un anno fa, due anni fa e cinque anni fa. Poi immagina di farla nel futuro, la settimana prossima, il mese prossimo, l'anno prossimo, tra due anni e tra cinque anni. Ora metti ciascuna di queste scene in una piccola cornice fotografica o su un cartoncino, e immaginale tutte insieme.

Ecco la domanda chiave. Come sono disposte queste piccole immagini nell'occhio della tua mente? Le vedi sparpagliate ovunque a caso o noti un qualche ordine? Con ogni probabilità vi è una struttura evidente, o di tipo "through time" o di tipo "in time".

PICCOLO GLOSSARIO: "THROUGH TIME" E "IN TIME"

- Hai le immagini disposte su una linea che attraversa il tuo campo visivo da sinistra a destra, con i ricordi più vecchi a sinistra e il futuro a destra. Nel gergo della PNL una struttura di questo tipo viene detta ***"through time"***.
- Hai le immagini disposte di fronte a te in una sorta di V, con i ricordi più vecchi sul braccio sinistro della V e le immagini future su quello destro. In questo caso il presente è rappresentato dalla punta in mezzo alla V, davanti alla tua faccia. Anche questa è una struttura ***"through time"***.
- La tua time-line è una linea retta, con i ricordi alle tue spalle e il futuro davanti a te. In PNL questa è una struttura ***"in time"***.

IMPARARE A DIMENTICARE

In generale, dimentichiamo con il passare del tempo. Tutto diventa sempre meno vivido, e l'impatto emotivo delle cose passate si riduce. Naturalmente ci sono delle eccezioni. Spesso gli anziani ricordano eventi della propria infanzia più lucidamente di quelli della settimana appena trascorsa. E quando si tratta di eventi traumatici, riviviamo quelle esperienze come se stessero avendo luogo nel presente. In realtà quello che facciamo è pescarli ripetutamente fuori dalla time-line e porli nella posizione del momento presente, di fronte al nostro naso: di conseguenza l'impatto emotivo non diminuisce mai. Questa è una cosa meravigliosa da fare con i bei ricordi, ma terribile se applicata a memorie traumatiche.

Quello che faremo ora è invertire il processo. Prenderemo dei ricordi spiacevoli e li allontaneremo: li porteremo cioè fuori dalla sequenza.

Poniamo che tu abbia un ricordo doloroso che ti tormenta. Ciò che devi fare è spostarlo in fondo alla tua time-line, nel punto più lontano.

ADESSO TOCCA A TE

Fase 1: Paragona le submodalità dei ricordi recenti e di quelli distanti (le submodalità sono caratteristiche delle rappresentazioni mentali: se non ricordi il concetto, torna a vedere il Capitolo 1). Ad esempio, i ricordi recenti potrebbero avere colori accesi, mentre quelli remoti potrebbero avere tinte pastello, essere in bianco e nero, o magari in tonalità seppia. Magari le voci del passato suonano come un vecchio nastro, o un disco graffiato. E le sensazioni fisiche? Magari sono meno intense e più vaghe.

Fase 2: Visualizza la tua time-line e individua su di essa il ricordo su cui vuoi lavorare.

Fase 3: Estrai il ricordo dalla time-line, come se stessi estraendo una scheda da un archivio cartaceo.

Fase 4: Ora comincia a cambiare le caratteristiche della rappresentazione dell'esperienza, applicandovi quelle di un evento del passato più remoto. Può essere di aiuto esagerare le submodalità che fanno sembrare molto remota l'esperienza. Al tempo stesso, muovi progressivamente l'esperienza *in fondo* alla tua time-line nel passato. In altre parole, se sei "through time" spingerai il ricordo in fondo a sinistra. Per sua natura l'immagine diventerà sempre più piccola e indistinta.

Fase 5: L'esperienza negativa è ora solo un puntino in lontananza in fondo alla tua time-line. Di conseguenza non puoi più né vederla né sentirla.

Fase 6: Ripeti la procedura più volte, finché il ricordo non ti causerà più problemi.

L'INTUIZIONE

Non collocare mai più l'evento doloroso di fronte al viso. Se un giorno dovesse accadere qualcosa che ti costringe a ripensare alla cosa, mantieni l'immagine piccola e spingila in fondo alla time-line il più in fretta possibile. Se necessario, ripeti l'intero procedimento.

Lo stesso tipo di lavoro sulla time-line si può sfruttare per recuperare ricordi positivi, rinfrescarli e metterli in sequenza uno dopo l'altro, creando una struttura continua e di facile accesso.

ADESSO TOCCA A TE

Fase 1: Sorvola la tua time-line del passato alla ricerca di un ricordo piacevole.

Fase 2: Estrai il ricordo, come se stessi estraendo una scheda da un archivio cartaceo.

Fase 3: Ora comincia a cambiare le caratteristiche dell'esperienza, attribuendole quelle di un evento che ha appena avuto luogo. Al tempo stesso, porta gradualmente e con fermezza il ricordo *nel punto centrale* della tua time-line, dritto davanti a te.

Fase 4: Goditi il ricordo. Guardalo più e più volte, recuperando sempre più informazioni.

Fase 5: Quando sei soddisfatto, archivia in permanenza il ricordo nella sua nuova posizione, poi torna a sorvolare la tua time-line, scegli un altro ricordo piacevole e ripeti il processo.

Puoi eseguire questa procedura semplicemente per il piacere di farlo, ma puoi anche usarla, insieme con l'esercizio precedente, per assemblare dei ricordi per uno scopo specifico. Potresti ad esempio raccogliere tutti i tuoi ricordi di successi scolastici e accademici, e deselezionare quelli di occasioni in cui non sei andato bene quanto avresti voluto. Otterrai così un registro di successi che ti darà fiducia per il futuro, composto di *fatti effettivi.*

L'INTUIZIONE

Sarebbe una buona idea chiederti perché scegli i ricordi che scegli. O perché *permetti* che ricordi negativi e spiacevoli infestino la tua mente. Come non mi stancherò di sottolineare, la PNL è una questione di prendere il controllo della tua mente e di farla funzionare *per te*, e non *contro di te*.

IMPARARE A VEDERE DIVERSAMENTE IL TUO PASSATO

Le visualizzazioni che abbiamo appena portato a termine sono progettate per aiutarti a dimenticare le cose negative e a ricordare quelle positive. Consideriamo ora delle cose che ti fanno stare male ma che non vuoi però dimenticare del tutto. Magari pensi di essere stato debole, irragionevole o inetto? Questo tipo di autovalutazione negativa riduce la stima che hai di te oggi. Cionondimeno, non vuoi relegare quelle porzioni di esperienza in fondo alla tua time-line, perché contengono cose che ti sono di insegnamento, e perché rimangono in ogni caso parti importanti della tua vita.

Con la PNL puoi conservare i ricordi ma vederli diversamente, tramite un processo detto di reincorniciamento.

PICCOLO GLOSSARIO: REINCORNICIAMENTO

Il **reincorniciamento** consiste nel cambiare il significato di un evento, in modo da poter provare cose diverse relativamente a quell'evento.

Qualsiasi cosa accada, cerchiamo sempre di coglierne il senso. Cerchiamo di contestualizzarla. Cerchiamo di comprendere ciò che significa. Se vediamo una persona che corre, cerchiamo di dedurre perché lo fa. Cerchiamo indizi per capire se lo fa per tenersi in forma, se è in ritardo per un appuntamento o se sta scappando da un maniaco che, se fossimo sfortunati, potrebbe scegliere di inseguire anche noi.

Ti ricordi quando, da bambino, tuo padre era irritabile con te e tua madre cercava di consolarti? Cosa ti diceva? Probabilmente frasi come: "Papà non ce l'ha con te: ha avuto una giornata dura e si sente stanco".

Questo è un esempio di reincorniciamento. La tua interpretazione originaria era "Papà non mi vuole bene", che tua madre ha cambiato in "Papà ti vuole bene e non ce l'ha con te: ha avuto una giornata dura e si sente stanco".

ADESSO TOCCA A TE

Considera le seguenti situazioni e reincorniciale in modo più positivo:

- *Sue e Jasmine ridacchiavano insieme in disparte: sono certo che si prendevano gioco di me.*
- *Stamattina il capo è arrivato e non mi ha detto neanche una parola: penso che mi voglia licenziare.*
- *La mia compagna non ha voluto fare l'amore ieri notte: penso che non sia più attratta da me.*
- *Non ho preso il massimo dei voti all'esame: sono un fallimento.*
- *Ho origini umili: sono una persona che conta poco.*

Per essere felici, sentirci ottimisti e comportarci in modo positivo, abbiamo bisogno di reincorniciare le cose in modi che si rivelino per noi vantaggiosi.
Quando le persone ridono appartate, possiamo raggiungerle e ridere con loro. Quando il capo non ci parla, potrebbe avere dei problemi personali. Quando la tua compagna non ha voglia di fare sesso, può darsi che abbia veramente mal di testa. Superare un esame con meno del massimo dei voti è comunque un successo. E una persona che ha origini umili ha una ragione in più per essere fiera di sé rispetto a una che è partita con dei vantaggi.

A volte, però, l'unico reincorniciamento possibile è che l'esperienza ci ha insegnato un'utile lezione.

IL DISTRUTTORE DI DECISIONI

La visualizzazione che segue è un mio adattamento di una procedura standard in PNL che va sotto il nome di Decision Destroyer, Distruttore di Decisioni (perché neutralizza decisioni passate di scarsa utilità). Puoi utilizzarla ogni volta che non riesci a vedere come reincorniciare un'esperienza in modo più positivo.

Fase 1: In primo luogo mettiti nello stato mentale giusto. In gergo PNL si parla di recuperare "un ricordo di imprinting positivo" o "un ricordo potenziante". In pratica si tratta di ripensare a un'occasione in cui hai avuto il tipo di sensazioni che ti sarebbero utili nell'attuale situazione problematica. Chi fa PNL solitamente suggerisce di recuperare una sensazione di sicurezza di sé, ma per questo esercizio ti proporrò di cercare sensazioni di capacità, benevolenza e umorismo: il modo in cui ti sentiresti se un bambino piccolo ti chiedesse aiuto per un problema che gli sembra insormontabile ma che tu puoi risolvere con estrema facilità.

Fase 2: Ora intensifica quelle sensazioni. Puoi farlo enfatizzando le submodalità positive (ad esempio, colori più intensi o immagini più grandi) e "facendo girare" le sensazioni come abbiamo visto nel Capitolo 1. Fai il gesto di girare una manovella con la mano, se ti aiuta. Continua così finché non senti pienamente quella positività.

Fase 3: Sorvola la tua time-line fino a trovare un ricordo o una serie di ricordi riguardo ai quali vuoi provare cose diverse. Sottolineo che questi sono ricordi che vuoi mantenere, ma che presentano aspetti per te problematici: non farlo con ricordi che preferiresti rimuovere. Ora osserva te stesso nel ricordo e, con quelle sensazioni di capacità, benevolenza e umorismo ben presenti, *assolvi te stesso.* Renditi conto che al tempo eri più giovane e avevi meno esperienza. Ricorda la presupposizione: "Non esiste fallimento, ma solo feedback".

Fase 4: Ritorna al presente portando con te il feedback, e sii grato di poterlo utilizzare in modo positivo.

Fase 5: Impiega il feedback a vantaggio tuo e delle persone che ti circondano.

L'INTUIZIONE

Tutti facciamo errori, *quotidianamente*. Persino le persone che la storia descrive come gli uomini e le donne più grandi di tutti i tempi hanno fatto errori *in quantità*. L'importante è *imparare* dagli errori, essere *grati* di aver avuto la possibilità di farlo, e poi andare avanti nella vita arricchiti dall'esperienza. Il poeta, artista e mistico inglese William Blake (1757-1827) aveva chiaramente compreso appieno l'idea del reincorniciamento, come dimostrano questi suoi due motti:

La strada dell'eccesso porta al palazzo della saggezza.

Se lo stolto persistesse nella propria stoltezza, diventerebbe saggio.

GESTIRE E AFFRONTARE ANSIE, PAURE E FOBIE

La paura è un'invenzione molto utile. È ciò che ci ferma dal fare cose stupide di ogni tipo che potrebbero avere conseguenze deleterie o anche mortali. A volte, però, qualcosa può andare storto nel modo in cui il meccanismo è programmato. Quando questo accade cominciamo a provare ansia e paura per cose che in realtà non sono troppo pericolose. In alcuni casi possiamo anche sviluppare un terrore incontrollabile per cose del tutto innocue: sono quelle che chiamiamo fobie.

Se vivi in Inghilterra e hai paura dei ragni, la si può considerare una fobia. Anche se sei conscio della paura, essa non si trova nella mente conscia. Se lo fosse, sarebbe facile eliminarla semplicemente con il ragionamento. Ti ricorderesti che i ragni inglesi non sono velenosi per gli esseri umani. Noteresti che un ragno è una creatura molto più piccola di una persona. Concluderesti razionalmente che, anche se ci sono ragni ovunque, nessuno di loro può farti del male. Però, se sei affetto da una fobia, pensieri razionali come questi incidono poco o niente.
Quando una fobia è causata da *uno specifico evento nel tuo passato*, la PNL ha un metodo potente per risolvere il problema, detto, molto semplicemente, Tecnica Veloce per le Fobie. Se ad esempio da bambino sei caduto in uno stagno e adesso hai paura di andare a nuotare, o se sei stato morso da un cane e oggi hai paura di toccare i cani, o magari se ti sei rotto una gamba sul ghiaccio e ora hai paura di praticare sport invernali, questa è una tecnica che fa al caso tuo.

Quando Richard Bandler stava progettando questa tecnica, si impegnò a scoprire cosa succedeva nella testa delle persone affette da paure, ma soprattutto nella testa delle persone che non ne avevano o ne avevano superate. E Bandler scoprì, con non molta sorpresa, che i fobici immaginavano in modo molto *vivido* che accadessero loro cose terribili, contrariamente alle persone prive di paure, che non lo facevano.

Potresti magari pensare di aver paura dei ragni, delle altezze o dei cani, ma non è così. Quello di cui realmente hai paura sono le immagini che crei nella tua mente. È questo che ti fa paura. Il problema è la fantasia, non la realtà.

La PNL insegna che la maggior parte dei problemi sono causati da ciò che immaginiamo... e sono pertanto immaginari. Anche le soluzioni, dunque, possono essere "immaginarie", nel senso di "attuate con tecniche di immaginazione".

ADESSO TOCCA A TE

Pensa a qualcosa che ti rende ansioso. Per questo esempio utilizzerò una visita dal dentista, ma tu puoi sostituirla con qualsiasi altra scena. Una volta scelta la scena, la visualizzeremo da *punti di vista multipli*, passando dalla *prima* alla *seconda* e alla *terza* posizione, e da *associato* a *dissociato.*

PICCOLO GLOSSARIO: PROSPETTIVE MULTIPLE

Solitamente visualizziamo scene dal passato (o dal futuro) dal nostro punto di vista, ma possiamo anche assumere quello di altre persone coinvolte, o quello di un osservatore esterno: **prospettive multiple**.

PICCOLO GLOSSARIO: PRIMA, SECONDA E TERZA POSIZIONE

Prima posizione significa visualizzare una cosa come se la vedessi attraverso i tuoi occhi.

Seconda posizione significa visualizzare una cosa come se la vedessi attraverso gli occhi di un'altra persona nella scena.

Terza posizione significa visualizzare una cosa come se la vedessi attraverso gli occhi di un osservatore esterno e imparziale, che guarda il tutto da una certa distanza.

Fase 1: Visualizza la scena in *prima posizione* (ossia vedendola attraverso i tuoi stessi occhi). Vedi le luci sopra di te... la poltrona che viene reclinata mentre il dentista si prepara a lavorare... i guanti di lattice che ti si muovono per la bocca... il rumore del trapano... l'odore di smalto bruciato... Evoca tutto nel modo più vivido possibile. Come ti senti?

Fase 2: Visualizza ora la scena in *seconda posizione* (ossia attraverso gli occhi di un'altra persona coinvolta). La situazione è la medesima, ma adesso la vedi attraverso gli occhi del dentista. Passa di nuovo in rassegna tutto, ma da questo nuovo punto di vista. Magari anche il dentista ha delle difficoltà. Magari non è una procedura semplice. Magari i tuoi denti non sono a posto. Come ti senti, nei panni del dentista?

Fase 3: Visualizza la scena in *terza posizione* (ossia dal punto di vista di un osservatore esterno e distaccato). La situazione è la stessa, ma questa volta non sei né il paziente né il dentista. Non devi fare nulla, e nessuno ti fa nulla. Stai solo osservando il tutto da una certa distanza. Come ti senti ora, nei panni di un osservatore esterno? Magari potresti osservare da dietro un finto specchio unidirezionale. Com'è la sensazione? Magari potresti andare a guardare la scena da un edificio di fronte. Come ti senti?
Alcune persone sono naturalmente portate ad adottare punti di vista multipli, mentre altre hanno bisogno di sforzarsi un po'. Ci sono buone ragioni per fare propria questa abitudine: una di esse è il fatto che conferisce la capacità di *associarsi* agli altri, e di *dissociarsi* da se stessi.

PICCOLO GLOSSARIO: ASSOCIAZIONE E DISSOCIAZIONE

Associazione: si è associati quando si vede, si sente, si tocca, si gusta e si odora tutto dal punto di vista di una determinata persona, e soprattutto, quando si ha la risposta emotiva che la persona avrebbe. Normalmente ci associamo a noi stessi quando immaginiamo le cose (prima posizione), ma è anche possibile associarsi ad altre persone in una scena (seconda posizione). Questo produce empatia.

Dissociazione: si è dissociati quando si prendono le distanze e non ci si sente direttamente coinvolti. Possiamo dissociarci da noi stessi e dagli altri visualizzando la scena attraverso gli occhi di un osservatore del tutto neutrale ed esterno (terza posizione). In questo caso la risposta emotiva sarà assai ridotta.
La dissociazione comporta il prendere le distanze e il vedere se stessi o la situazione dall'esterno. La **doppia dissociazione** consiste nel fare un ulteriore passo, e nel vedere se stessi guardare se stessi: così facendo ci si sente ancora più distaccati e al sicuro da qualsiasi coinvolgimento emotivo.

LA TECNICA VELOCE PER LE FOBIE

L'esercizio precedente serve ad abituarti all'idea di cambiare punto di vista. Ora dovresti aver notato che quando passi alla terza posizione e ti dissoci non provi un forte coinvolgimento emotivo. Nella Tecnica Veloce per le Fobie, presentata di seguito, rivisiteremo l'evento che ha causato inizialmente la tua fobia, evitando però che la cosa ti spaventi di nuovo. Per questo non solo ricorreremo alla dissociazione: faremo una *doppia dissociazione.*

ADESSO TOCCA A TE

Fase 1: Immagina di essere in un cinema. In questo cinema sarai in tre luoghi contemporaneamente: nel film sullo schermo, in platea a guardare il film da spettatore e in sala proiezioni a far girare la pellicola, tutto al medesimo tempo (è il bello dell'immaginazione: puoi fare tutto quello che ti pare).

Fase 2: Sei seduto in platea e stai guardando sullo schermo un'immagine statica in bianco e nero di te stesso un attimo *prima* che tu facessi esperienza di questa paura per la prima volta (se non ti ricordi la prima volta, usa un'immagine del momento prima che provassi la paura, la volta che ti è successo nel modo più intenso).

Fase 3: Ora diventerai invece il proiezionista seduto in cabina: da qui puoi vedere te stesso seduto nel cinema, oltre che nell'immagine statica in bianco e nero sullo schermo.

Fase 4: Sempre dalla cabina di proiezione, fai partire il filmato in bianco e nero della situazione spaventosa. Vedi tutto, ma per te la cosa non ha pressoché significato, perché sei solo il proiezionista e te ne stai seduto nella tua cabina. Quando arrivi alla fine del filmato, al punto in cui il protagonista del film (tu stesso) è di nuovo al sicuro e tranquillo, fermi la proiezione su quel fotogramma.

Fase 5: A questo punto bisogna fare un ulteriore passo: devi lasciare la cabina di proiezione ed entrare nel fotogramma in fermo immagine sullo schermo. La pellicola diventa ora a colori, e nel contempo il filmato scorre all'indietro molto velocemente. In altre parole, tutti camminano all'indietro e parlano al contrario. La cosa avrà quindi un aspetto piuttosto ridicolo: e per sottolineare quanto buffo sia il tutto, aggiungi una colonna sonora da film comico (della musica da circo, o il classico jingle degli sketch di Benny Hill, ad esempio). Sentendo questa musica e le voci al contrario, e tutti i movimenti ridicoli e invertiti, *ridi.*

Fase 6: Ripeti la sequenza del filmato all'indietro più volte, facendola andare ogni volta sempre più veloce.

Richard Bandler sottolinea che se siamo capaci di imparare ad avere paura in pochi secondi, allora possiamo anche imparare a *non* avere paura in modo altrettanto istantaneo. Bandler afferma di non aver mai fallito utilizzando questa tecnica: ma tu non hai l'esperienza di Richard, e potresti dover ripetere la procedura una serie di volte. Se dopo aver completato le sei fasi, l'oggetto della tua paura, su una scala da 1 a 10, totalizza ancora un punteggio di 3 o più, ripeti il tutto. Quando avrai un punteggio da 0 a 2, avventurati nel mondo reale, e stai a vedere cosa succede.

AUMENTARE L'IMPATTO DELLA TECNICA VELOCE PER LE FOBIE

Il semplice fatto di soffrire di una fobia non significa necessariamente che tu sia motivato a cercare un rimedio. Con molte fobie è piuttosto facile convivere: se ad esempio hai paura delle altezze, o dei cani o delle piscine, puoi evitare queste cose con una certa facilità.
Ecco un modo per autoincentivarti ad applicare con cura la Tecnica Veloce per le Fobie.

Ripensa alle volte in cui ti sei trovato di fronte alla tua reazione fobica *e hai provato imbarazzo per come ti sei comportato.* Cerca di pensare a cinque occasioni di questo tipo, e poi fanne girare mentalmente il ricordo in sequenza, senza soluzione di continuità. Cinque incontri con ragni,

con le altezze, con spazi angusti, o di qualsiasi altra cosa si tratti. Poi fai girare di nuovo quelle scene, amplificando tutto: fai più grandi le immagini, più intensi i colori, più alto il volume dei suoni. E poi falle girare una terza volta nella tua mente, molto rapidamente, aggiungendo ulteriore amplificazione. Continua a far girare il ciclo di cinque scene finché senti veramente che la fobia ti rovina la vita a tal punto che desideri disperatamente liberartene. Questo è lo stato mentale a partire dal quale dovresti avvicinarti alla Tecnica Veloce per le Fobie.
Ora esaminiamo brevemente le cose che puoi fare *dopo* aver impiegato la Tecnica Veloce per le Fobie.

In *Vivi la vita che desideri con la PNL*, Richard Bandler ha scritto che dopo aver applicato la tecnica i lettori dovrebbero alzarsi e "testare, testare, testare e testare ancora", e che "un poco alla volta" la fobia scompare. Potete vedere Bandler in azione su YouTube in un video in due parti intitolato *The Hypnotist*. Nel filmato Bandler aiuta una donna affetta da quella che è convinta essere una fobia del volo indotta da un dirottamento avvenuto ventisette anni prima (in realtà la diagnosi di Bandler è che la donna non ha una fobia, ma soffre di attacchi di panico indotti da qualsiasi ambiente angusto: questo si dimostra poi essere effettivamente il caso).

Bandler potenzia la Tecnica Veloce per le Fobie con tre ulteriori metodi. Fa girare le sensazioni (vedi Capitolo 1), impiega l'ipnosi (vedi Capitolo 9), e poi desensibilizza la persona esponendola gradualmente alla cosa che teme. La donna del filmato prende un ascensore con altre persone, una cosa che normalmente vive come un ostacolo insormontabile. Poi Bandler la porta in un cinema (questo ha anche l'effetto di aumentare gradualmente la pressione e di aumentare la motivazione della donna, come descritto sopra). Il test finale consiste nel prendere un aereo: durante questa fase la paziente inizialmente ha un attacco di panico, che poi supera.

Si tratta dunque di un successo per la PNL, ma non un successo istantaneo, pertanto realisticamente non dovresti aspettarti di fare subito meglio di Richard Bandler.

L'INTUIZIONE

Quando ci si desensibilizza esponendosi gradualmente a uno stimolo, è di enorme aiuto farsi due risate. Portati degli amici, dopo aver concordato che facciano i buffoni, raccontino barzellette, ti facciano il solletico, e in generale che distraggano la tua attenzione conscia dalle tue paure.

AUTOIPNOSI PER LE FOBIE

Laddove Bandler usa l'ipnosi, puoi invece applicare su di te dei processi autoipnotici. Studia nuovamente il metodo di Betty Erickson descritto nel Capitolo 1. Fai tutto come descritto, ma alla Fase 3 afferma lo scopo dell'autoipnosi in questi termini: "Sto entrando in uno stato di autoipnosi al fine di permettere alla mia mente inconscia di apportare gli aggiustamenti che mi aiuteranno a godermi la compagnia dei cani/sentirmi rilassato in presenza di ragni/sentirmi a mio agio sugli aerei/di qualsiasi altra cosa si tratti".

10 COSE DA RICORDARE

1. *Il tuo passato è aperto alle interpretazioni: può rivelarsi più positivo di quanto pensi.*
2. *Il problema dei traumi passati sta nel fatto che tendiamo a pensarci tutti i giorni, come avessero appena avuto luogo.*
3. *Puoi ridurre l'impatto di ricordi spiacevoli cambiandone le submodalità e spostandoli in fondo alla tua time-line.*
4. *Spesso non è necessario sapere perché sei diventato come sei: è più importante sapere come fai a continuare a essere come sei.*
5. *Puoi usare il Distruttore di Decisioni per sentirti meglio riguardo a momenti nel passato in cui non ti sei comportato come avresti voluto.*
6. *Il reincorniciamento ti permette di vedere gli eventi passati in modo più positivo e meno problematico.*
7. *Puoi visualizzare qualsiasi evento passato a partire da prospettive multiple: la prima posizione è quella del tuo stesso punto di vista, la seconda è attraverso gli occhi di un'altra persona presente, e la terza è attraverso gli occhi di un osservatore esterno e neutrale.*
8. *Puoi ridurre l'impatto emotivo di eventi passati mettendoti in terza posizione e dissociandoti.*
9. *La Tecnica Veloce per le Fobie impiega la doppia dissociazione e può rimuovere una paura causata da un evento del passato.*
10. *Puoi potenziare l'effetto della Tecnica Veloce per le Fobie utilizzando l'autoipnosi.*

COME ME LA STO CAVANDO?

- *Hai scoperto se sei "through time" o "in time"?*
- *Sei riuscito a manipolare la tua time-line e a spostare ricordi spiacevoli nel passato più remoto?*
- *Se sì, quei ricordi spiacevoli hanno perso il loro potere?*
- *Sei riuscito a trasformare fallimenti passati in feedback?*
- *Sei riuscito a reincorniciare eventi che per te erano stati problematici?*
- *Hai cercato di vedere gli eventi a partire da prospettive multiple?*
- *Sei riuscito a ridurre l'impatto emotivo di eventi passati adottando la terza posizione e dissociandoti?*
- *Se avevi un'ansia o una fobia causata da un evento passato, sei riuscito a risolverla o ad alleviarla utilizzando la Tecnica Veloce per le Fobie?*

Se hai risposto "No" a più di tre delle domande, torna indietro e rileggi le relative parti del capitolo. Prima di procedere dovrai aver familiarizzato con queste tecniche.

CAPITOLO

3

Trasforma le tue capacità di apprendimento

In questo capitolo imparerai:

- **come acquisire qualsiasi abilità o conoscenza desideri**
- **come modellare le abitudini e i comportamenti delle persone di successo**
- **come coinvolgere la tua mente inconscia**

> ***Se qualcuno è in grado di fare una certa cosa, chiunque può imparare a farla***
> *Presupposizione di PNL*

La formazione è *tutto.*
Sì, magari può suonare un po' noioso: è uno stadio della tua vita che forse pensavi di esserti lasciato alle spalle, con i libri di scuola, la cartella e le regole noiose.

Però c'è un altro modo di vedere la cosa. Non sarebbe meraviglioso se avessi la capacità di fare qualsiasi cosa tu abbia mai desiderato? Ogni giorno sarebbe una fantastica avventura. Ogni mattina ti alzeresti e ti chiederesti di quali nuove abilità impadronirti. Recitare? Ballare? La calligrafia? Disegnare? Una lingua straniera? La geologia? L'equitazione? Suonare uno strumento? Andare a vela? Giocare in borsa? Praticare il sesso tantrico? Praticare lo zen?

La vita sarebbe infinitamente affascinante! E quanto affascinante saresti *tu*! Ebbene, può essere proprio così. E conosci già la presupposizione della PNL:

Qualsiasi cosa sia in grado di fare qualcuno,
la puoi fare anche tu.

Eppure, cercare di imparare una nuova abilità finisce troppo spesso in frustrazioni piuttosto che in entusiasmo. In questo capitolo cambieremo questa situazione.

Bandler e Grinder sono convinti che spesso non otteniamo i risultati sperati perché gli esperti da cui cerchiamo di imparare *non sanno nemmeno loro come fanno a ottenere i risultati che ottengono.* E per questo motivo gli insegnanti che fanno da intermediari tra gli esperti e il resto di noi faticano a insegnare in modo efficace.

La soluzione primaria offerta dalla PNL è il modellamento, che abbiamo incontrato per la prima volta nel Capitolo 1.

MODELLAMENTO

"Leggendo questo libro", scrisse Milton Erickson, "ho imparato molto sulle cose che ho sempre fatto senza sapere di farle".
Il libro a cui si riferisce Erickson, *I modelli della tecnica ipnotica di Milton H. Erickson*, portò a un pubblico più ampio non solo le tecniche dell'ipnoterapia, ma anche i metodi di modellamento impiegati da Bandler e Grinder per scrivere il volume.
Il modellamento è imperniato sullo scoprire le cose che gli esperti e i geni fanno "senza sapere di farle". Per dirla con le parole di John Grinder e Carmen Bostic St. Clair in *Whispering in the Wind*, si tratta di "una mappatura delle conoscenze implicite in un modello esplicito" e di "una tecnologia che riguarda l'insieme di differenze che fanno la differenza tra le prestazioni dei geni e della persona media nel medesimo tipo di attività".
Il modellamento si concentra dunque su *come insegnare a insegnare*, ma ci sono molti elementi di questa metodologia che ti possono aiutare a trasformare le tue capacità di apprendimento e, di conseguenza, la tua vita.
In termini generali si può dire che esistono due fasi del processo di modellamento: implicita ed esplicita.

PICCOLO GLOSSARIO: MODELLAMENTO IMPLICITO ED ESPLICITO

Modellamento implicito: significa *assorbire* inconsciamente ciò che fa un'altra persona, senza porle domande e senza applicare descrizioni verbali della cosa.
Modellamento esplicito: significa dedurre consciamente quali delle azioni della persona esperta che si sono assorbite sono importanti, e quali invece non fanno la differenza.

L'INTUIZIONE

Perché non porre domande durante la fase implicita del modellamento? Come riportato in *La Metamorfosi Terapeutica. Principi di Programmazione Neurolinguistica*, Bandler e Grinder chiedevano ai terapeuti perché, ad esempio, toccavano i clienti in un certo modo, o perché cambiavano tono di voce a un certo punto. Puntualmente quelli rispondevano di non sapere di fare quelle cose, né tantomeno di sapere perché. Di conseguenza i due modellatori decisero di "prestare scarsa attenzione a ciò che le persone *dicono* di fare, e prestarne invece molta a ciò che esse *fanno*". Questo è un altro punto altrettanto importante. Porre domande può peraltro effettivamente anche *modificare* le cose. Poniamo che io ti chieda di immaginare un cane al parco. Ora ti faccio qualche domanda: il cane ha un collare? Di che colore è? Sta giocando con una palla? Di che colore è la palla? Sta scodinzolando? Sta annusando per terra? Con ogni probabilità ciascuna domanda cambierà l'immagine che ti eri creato originariamente nella mente.

Il modellamento è il modo in cui i bambini a partire dalla nascita acquisiscono conoscenze e abilità. Osservano (fase implicita). Poi provano a fare le cose loro. Continuano a fare quello che funziona, e scartano quello che non funziona (fase esplicita). Questo modellamento in due fasi era perfetto per apprendere le abilità ipnoterapeutiche di Erickson. Cominciamo a guardare come funziona in una situazione ideale. Poi vedremo come può essere adattato per diversi tipi di utilizzo nella vita quotidiana.

LA FASE DI MODELLAMENTO IMPLICITO

Sto scrivendo queste parole al computer gettando solo occasionalmente un rapido sguardo alla tastiera. Eppure, se mi chiedi di dirti dove si trovano i tasti di ciascuna singola lettera, *non ne ho la più pallida idea.* In altre parole, la mia mente conscia lo ignora, ma il mio inconscio lo sa e dirige le mie dita di conseguenza.

È solo un semplice esempio di come, per quanto riguarda una vasta gamma di cose che riusciamo a fare bene (e soprattutto le abilità fisiche), le persone non sempre sanno consciamente cosa fanno. È un esempio anche di come sia quasi sempre la mente inconscia a sapere meglio come stanno le cose e come farle, in questo tipo di situazioni. Una volta che abbiamo imparato a fare una cosa e l'abbiamo automatizzata:

L'analisi conscia a tutti gli effetti inibisce le prestazioni.

Quando ho cominciato ad andare in snowboard, come la maggior parte dei principianti, avevo paura di girarmi per fare zig-zag giù per la pista: analizzando la manovra consciamente, vedevo che a metà del movimento il mio snowboard avrebbe puntato dritto giù per la montagna. Mi pareva che inevitabilmente avrei cominciato a prendere velocità e perdere controllo. E più ci pensavo, più la cosa mi rendeva nervoso.

Ovviamente alla fine, come tutti, ho imparato a cambiare direzione. Bastava solo la convinzione giusta. Vedendo le altre persone che lo facevano, ho accettato che doveva essere possibile. In altre parole, ho smesso di analizzare consciamente la manovra, affidando invece il problema alla mia mente inconscia.

La cosa più affascinante, però, è questa: anche ora che sono capace, se provo a controllare consciamente un cambio di direzione (magari perché, ad esempio, la pista è particolarmente ripida), l'ansia ritorna, e *non ci riesco.*

Niente di sorprendente a pensarci bene, considerato che per compiere consciamente la manovra con lo snowboard dovrei elaborare una gran quantità di dati e tenere conto di moltissimi fattori.

Ad esempio, dovrei calcolare di quanto inclinarmi rispetto alla pendenza, l'ampiezza in gradi dell'angolo della svolta e la velocità a cui prevedo di spostarmi: e non ho nemmeno la più pallida idea di come fare queste cose! Quand'anche le facessi, il calcolo richiederebbe talmente tanto tempo che non riuscirei a compiere più di un cambio di direzione prima della chiusura degli impianti sciistici. E anche una volta ricavato l'esito di quei calcoli, come potrei fare a decidere consciamente di mettere il mio corpo, poniamo, a un angolo di 63 gradi esatti?
Fare queste cose a livello conscio è impossibile. La mente inconscia è invece in grado non solo di risolvere il problema di calcolo, ma anche di mettere il mio corpo precisamente nella posizione calcolata. Ovviamente questo processo non impiega le stesse tecniche di analisi a cui ricorrerebbe la mente conscia. È tutta una questione di percezione delle forze in gioco e di costanti microscopici aggiustamenti applicati per tentativi. Ma non per questo è un processo meno eccezionale. Il succo della questione è il seguente:

Devi fidarti del tuo inconscio.

Indipendentemente dallo sport o dall'attività, questo assunto vale in tutti i contesti.

Se non sei convinto della futilità di fare domande alle persone riguardo ad abilità che per loro sono ormai automatiche, prova a chiedere a un qualsiasi guidatore:

- *se vuoi indicare una svolta a sinistra, usi un controllo a sinistra o a destra del volante?*
- *per attivare i tergicristalli, muovi un controllo a sinistra o a destra del volante?*
- *se sei fermo a un semaforo, lo vedrai poi passare da rosso a giallo e poi a verde, oppure direttamente da rosso a verde?*
- *se vedi accendersi le luci degli stop di una macchina circa otto veicoli davanti alla tua, togli il piede dall'acceleratore, o aspetti finché vedi accendersi le luci degli stop della macchina che hai immediatamente davanti?*

- *se hai una macchina con il cambio manuale, a che velocità cambi dalla prima alla seconda? A quanti giri al minuto?*

Probabilmente la persona non sarà in grado di rispondere a queste domande con sicurezza e convinzione. La domanda davvero importante allora è questa: qual è il modo migliore per scoprire le informazioni contenute nell'inconscio di un'altra persona e trasferirle al proprio, in modo da potere poi fare le stesse cose?

La PNL vede il processo di apprendimento convenzionale suddiviso in quattro principali stadi:

- **incompetenza inconscia:** *in questo stadio non sai assolutamente nulla di ciò che andrai a fare.*
- **incompetenza conscia:** *hai cominciato a praticare l'abilità: non te ne sei ancora appropriato, ma migliori rapidamente perché stai costruendo da un livello molto basso.*
- **competenza conscia:** *arrivato a questo punto hai un buon livello di base, ma ulteriori miglioramenti richiedono molto tempo e sforzi. Praticare questa abilità richiede ancora buona parte della tua attenzione.*
- **competenza inconscia:** *sei arrivato al punto in cui puoi fare la cosa in modo automatico a un alto livello di abilità, senza dover pensare a cosa fai.*

Un modo più rapido di apprendere potrebbe essere quello di saltare i due stadi consci in mezzo al processo, e fare il tutto in modo inconscio, passando da incompetenza inconscia a competenza inconscia. Ma questa cosa è possibile?

Negli anni Ottanta e Novanta del secolo scorso, un gruppo di neurofisiologi dell'Università di Parma ha fatto un'importante scoperta sul processo di apprendimento. Lavorando con un gruppo di macachi, gli studiosi hanno individuato dei neuroni che si attivavano non solo quando le scimmie compivano una determinata azione, ma anche quando *vedevano* un'altra scimmia o persona fare la stessa cosa.

Ovviamente sapevamo già tutti che gli esseri umani e molti altri animali sono in grado di "copiare". Niente di strano. Ma se ti fermi e pensi un attimo a quei neuroni, ti renderai conto dell'importanza di tale scoperta: significa che, quantomeno per i macachi, osservare un'azione che viene compiuta crea la stessa "esperienza" nella stessa area del cervello che si verifica quando l'azione *viene effettivamente compiuta in prima persona.*

In virtù del loro funzionamento, questi particolari neuroni sono stati battezzati "neuroni specchio". Se dovesse esserne verificata l'esistenza negli umani (e non tutti gli scienziati hanno ancora accettato questo fatto), ciò fornirebbe una spiegazione per i processi di modellamento implicito.

ADESSO TOCCA A TE

Fase 1: Trova il tuo modello. Idealmente potresti prendere il più grande esperto del mondo nella cosa che vuoi fare. Il tuo modello deve anche essere rilevante per la tua specifica situazione. Ad esempio, se a quarant'anni vuoi creare un'azienda e metterti in affari da zero, non troverai le risposte di cui hai bisogno se modelli un imprenditore di successo che ha ereditato la sua azienda dal padre. Se vuoi suonare la chitarra ma ti manca un dito, ti serve un grande chitarrista che a sua volta ha solo 9 dita. E via così. Il tuo modello deve anche essere qualcuno che puoi osservare approfonditamente per un periodo di tempo sufficiente: se questo è facile per certe discipline, lo è molto meno per altre.

Fase 2: Preparati a ogni sessione di modellamento ponendoti in uno stato di acuita percettività e presenza mentale. Il punto, ovviamente, sta nel rendere possibile l'assorbimento di informazioni che potresti altrimenti non notare, né consciamente né inconsciamente. Per questa ragione, ad esempio, talvolta Milton Erickson si autoinduceva prima la trance per essere più ricettivo con i propri pazienti. Potresti provare il metodo di Betty Erickson descritto nel Capitolo 1: quando arriva il momento di affermare lo scopo dell'autoipnosi, dì qualcosa come: "Sto entrando in uno stato di autoipnosi per poter affidare alla mia mente inconscia il compito di assorbire le tecniche impiegate dal mio modello". Potresti anche provare la tecnica di "flow" descritta più avanti.

Fase 3: Osserva il tuo modello in azione. *Non* fare alcun tentativo di descrivere cosa stai osservando, né per iscritto né oralmente, e nemmeno pensando in termini di parole. E non porre alcuna domanda. Cerca semplicemente di assorbire.

Fase 4: Appena ti senti in grado di farlo, prova a copiare il tuo modello. Continua a osservare e copiare finché non riesci a fare le medesime cose.

LA FASE DI MODELLAMENTO ESPLICITO

Alla fine della fase implicita puoi riprodurre i medesimi risultati dell'esperto da te scelto. Questo quantomeno sarebbe il caso in una situazione ideale di modellamento. Ma ancora non sai necessariamente *come* fai a fare la cosa. Nella fase di modellamento esplicito operi quindi per "sottrazione", provi cioè a eliminare degli elementi e vedi cosa succede.

Poniamo che tu abbia modellato Milton Erickson e abbia notato che a un certo punto comincia a respirare in modo molto lento e udibile. È qualcosa che ha contribuito all'effetto ipnotico? Dopo aver copiato precisamente tutto quello che faceva Erickson, e dopo aver ottenuto gli stessi risultati che otteneva lui, in una occasione successiva ometti il respiro molto lento e udibile e vedi cosa succede. Se ottieni ancora il risultato originario, sai a questo punto che la respirazione era superflua. Se invece la tecnica non funziona più, sai che la respirazione era un elemento cruciale.

Chiaramente la fase esplicita può essere laboriosa e richiedere tempo. Centinaia possono essere gli elementi da verificare. Potresti anche concludere che, per quanto ti riguarda, basta riuscire a ottenere i risultati desiderati, e che non importa se alcune delle cose che fai sono superflue. D'altro canto, se vuoi essere ai massimi livelli questo tipo di attenzione per il dettaglio è essenziale.

Bandler e Grinder reagivano senza il minimo imbarazzo se quello che modellavano veniva contraddetto da studi scientifici o statistiche. Il test per loro stava nel fatto che il modello funzionasse, e la prova di questo consisteva nel riuscire a ottenere sistematicamente gli stessi risultati della persona modellata. Una prova ancora più forte sarebbe insegnare il modello ad altri e vedere se anch'essi ottengono i medesimi risultati.

Come spiegano i due studiosi in *La Metamorfosi Terapeutica. Principi di Programmazione Neurolinguistica*: "Non abbiamo idea di quale sia la natura 'reale' delle cose, e non siamo particolarmente interessati a cosa sia o meno 'vero'. La funzione e lo scopo del modellamento stanno nell'arrivare a descrizioni che siano *utili*".

QUANDO UTILIZZARE IL MODELLAMENTO

Per quanto riguardava le tecniche utilizzate da Milton Erickson e altri terapeuti, il modellamento della PNL funzionava alla perfezione perché due condizioni erano soddisfatte:

1. *Tutto quello che facevano i terapeuti era osservabile: Bandler e Grinder potevano vedere e udire tutto quello che succedeva.*
2. *Le abilità impiegate dai terapeuti potevano (più o meno) essere replicate da chiunque.*

Ma non è sempre questo il caso. Poniamo che John Grinder debba modellare me mentre scrivo (dei due co-creatori è lui a occuparsi attualmente più di modellamento). Grinder mi guarderebbe seduto al computer mentre batto sulla tastiera senza parlare, e potrebbe dedurre ben poco dei miei processi mentali. Non mi sentirebbe parlare, se non quando mi maledico di tanto in tanto ad alta voce per qualche stupido errore. Mi vedrebbe cercare informazioni sui libri e su internet. Mi vedrebbe fare una pausa per prepararmi un tè o guardare le previsioni del tempo per vedere se posso andare a fare snowboard o a nuotare. Non penso che apprenderebbe molto. Il modellamento illustrato in questo libro non funzionerà dunque in questi termini per qualsiasi cosa.

Il modellamento è un'ulteriore abilità di apprendimento, da aggiungere al tuo repertorio.

Considera, ad esempio:

- *un esperto di mnemotecniche che ha la capacità di ricordare numeri lunghissimi*
- *uno sciatore esperto che esibisce un'ottima tecnica sulla neve fresca*
- *un violoncellista tra i migliori al mondo*

Nel primo esempio, per quanto protratta sia la tua fase di modellamento implicito, non assorbirai mai alcuna capacità di memorizzazione dei numeri, perché tutto succede nella testa, dove non puoi vederlo. L'intero processo è invisibile. Nel secondo esempio, potresti sicuramente assorbire parte della tecnica tramite modellamento inconscio, ma una parte importante di quello che fa lo sciatore è nascosta sotto lo strato di neve. Inoltre, anche se imparassi le sue abilità tramite modellamento implicito, avresti comunque bisogno di trovare un modo per acquisire la sicurezza necessaria per metterle in pratica (vedi Capitolo 5). E per quanto riguarda il violoncellista, probabilmente nessuno che prenda in mano lo strumento per la prima volta da adulto potrà mai riprodurre le stesse prestazioni tramite modellamento, o qualunque altra tecnica al momento esistente.
Il modellamento della PNL qui presentato ha dunque le sue limitazioni, e deve essere applicato in modo creativo a seconda del tipo di abilità studiata.

C'è un altro punto importante. Se vuoi imparare a essere un ipnoterapeuta ericksoniano oggi, la risposta sta nel modellare i migliori tra i suoi successori, giusto? Sbagliato! Questo lavoro è già stato fatto: le speciali abilità ericksoniane identificate da Bandler e Grinder sono state registrate e pubblicate e possono oggi essere apprese da persone in tutto il mondo, te incluso se lo desideri. Modellare un terapeuta ericksoniano oggi avrebbe senso se la persona ha sviluppato e portato avanti il tutto a tal punto da ottenere risultati mai ottenuti prima.

E lo stesso vale per molti altri campi. Se vuoi fare tuoi i comportamenti di diversi tipi di geni, basta che tu legga i libri di chi li ha già studiati applicando i metodi di modellamento della PNL.

Se risulterà che le tecniche impiegate dagli esperti nel campo che hai scelto *non* sono state modellate, avrai la possibilità di accedere a quelle persone, e il tempo da dedicare al processo di modellamento? Probabilmente no.
Per la maggior parte di noi dunque diventa essenziale ricavare ciò che

possiamo in termini pratici, a partire da una versione limitata della tecnica di modellamento.
Ecco alcuni suggerimenti:

- *sarebbe molto meglio che tu potessi modellare persone veramente eccezionali. C'era a tutti gli effetti una enorme differenza tra i risultati ottenuti da Erickson e quelli di altri terapeuti che parevano impiegare metodi simili. Lui guariva le persone, spesso molto rapidamente, mentre altri ipnoterapeuti fallivano in toto. Risultò quindi fondamentale scoprire cosa Erickson facesse di diverso. Al tempo stesso, però, se desideri imparare qualcosa come giocare a golf o nuotare, non è essenziale modellare il più grande esperto del mondo: una persona di buona competenza di solito basta e avanza.*

- *il modo più facile per entrare in contatto con un esperto è solitamente quello di pagare per ricevere lezioni. Scegli qualcuno che capisca cos'è il modellamento implicito e che concordi sull'utilizzo di quel tipo di approccio. Un'altra possibilità è quella di cercare di farsi assumere e di lavorare per la persona da modellare.*

- *non limitarti a osservare il tuo modello a partire dalla prima posizione: prova anche a diventare la persona che stai modellando, a vedere quello che vede e sentire quello che sente, a partire dalla seconda posizione (se ti sei dimenticato delle prospettive multiple, torna al Capitolo 2).*

- *puoi estendere efficacemente il periodo di osservazione girando dei filmati che guarderai e riguarderai... per poi riguardarli ancora. I DVD prodotti per la vendita probabilmente non mostreranno tutte le cose di cui hai bisogno, a meno che chi li ha filmati non sia un esperto di modellamento, ma in mancanza di un esperto in carne e ossa sono meglio di niente, e li puoi guardare quante volte vuoi. Potrai trovare filmati di modelli utili anche su YouTube e altri siti internet. Oltre a guardare i filmati a velocità normale, fallo anche al rallentatore e con il fermo immagine.*

- *verosimilmente sei convinto di copiare il tuo esperto con grande precisione, ma puoi esserne sicuro? Chiedi a qualcuno di filmarti mentre lo fai.*

- *alcune persone arrivano a vestirsi come i loro modelli, ad assumerne vezzi e abitudini, imparando anche a imitarne la voce. Può sembrare un comportamento estremo, anche un po' folle, che tuttavia può rivelarsi efficace. Prima di tutto è una sorta di autoipnosi: più hai l'aspetto di una persona, più ti senti come la persona, più agisci come la persona. In secondo luogo, è difficile sapere quali aspetti del comportamento del tuo modello contribuiscono o meno ai risultati. Più copi in maniera completa, meno sono le cose che escludi, e più aumenta la probabilità che tu riproduca ciò che la persona riesce a fare.*

In *La Metamorfosi Terapeutica. Principi di Programmazione Neurolinguistica*, Bandler e Grinder ammettono che "nulla di ciò che la PNL riesce a fare è nuovo". Ciò che è nuovo, affermano, è il modo in cui la PNL rende più facile, più produttivo e più entusiasmante l'apprendimento. "Siamo alla soglia", scrivono, "di un grande salto in avanti per l'esperienza e la capacità degli esseri umani".

CONVINZIONI

Per essere in grado di fare una cosa, bisogna essere convinti di poterla fare. Di fronte a cose nuove, c'è bisogno di essere convinti di avere sia la capacità di apprendere sia quella di fare cose nuove.

Se dubiti della tua capacità di apprendere, semplicemente non apprenderai. Quando aveva bisogno che i suoi pazienti imparassero qualcosa di nuovo, Milton Erickson faceva spesso in modo che pensassero a come avevano imparato a camminare, a parlare, a leggere. Ecco una visualizzazione per ricordarti di quanto la tua capacità di apprendere sia veramente grandiosa.

ADESSO TOCCA A TE

Fase 1: Chiudi gli occhi, viaggia nel passato attraverso il tempo, e immaginati bambino piccolo. Visualizza te stesso gattoni sul pavimento. Pensa a come tutto sembra enorme, gigantesco ai limiti del possibile. Entra autenticamente nell'esperienza. Guarda in su, verso il tavolo che si staglia sopra di te. Aggrappati a una gamba e tirati su. Sei in piedi per la prima volta in vita tua. Ce l'hai fatta! E adesso tutto appare un po' più alla tua portata.

Fase 2: Pensa al suono delle voci che senti dalla tua culla. Non hanno più significato di quello che hanno per te oggi i suoni di una lingua che ignori del tutto; non riesci neanche a distinguere dove cominciano e finiscono. Tuttavia perseveri: giorno dopo giorno ascolti, e gradualmente impari a riconoscere schemi che si ripetono, a isolare i suoni gli uni dagli altri. Giorno dopo giorno copi i suoni. E un bel giorno dici "Mamma". Hai appena pronunciato la tua prima parola.

Fase 3: Visualizzati a scuola. Sei minuscolo. I tuoi piedi toccano a malapena terra mentre sei seduto al banco. Hai un libro aperto davanti a te. C'è una grande immagine a colori, e sotto dei segni neri. Metti il dito sui segni neri e, lentamente e con fatica, leggi "c... a... n... e". Hai appena letto la tua prima parola.

Fase 4: Ora pensa alla cosa che vuoi imparare oggi. Quanto può essere difficile, rispetto a quello che già sei riuscito a imparare da bambino? Per niente.

ARRIVARE A UNO STATO DI "FLOW"

Ti è mai accaduto nella vita di superare facilmente una sfida, con tua stessa sorpresa? Momenti in cui sei riuscito a fare cose che mai avresti creduto? Sono sicuro che ce ne sono stati. Capita a tutti, di tanto in tanto, soprattutto con le attività fisiche. Nello sport lo chiamano stato di "flow". Quando un giocatore di tennis è in stato di flow, le palle atterrano un millimetro dentro alla linea, anziché un millimetro fuori. Purtroppo, per la maggior parte di noi, è un'esperienza rara.

Quando fai modellamento, o impari con qualsiasi altro metodo, è di aiuto entrare in uno stato di flow. Il flow sembra verificarsi quando il livello di difficoltà è sufficientemente alto da creare un'intensità di concentrazione speciale (soprattutto quando l'azione richiede abilità sia mentali sia fisiche), ma non tanto da creare stress negativo. Esistono modi di creare flow artificialmente utilizzando questo principio.

ADESSO TOCCA A TE

Fase 1: Prepara un cartellone con le prime 25 lettere dell'alfabeto inglese scritte su cinque righe di cinque lettere, grandi abbastanza da essere lette dalla distanza di un metro circa. Sotto a ciascuna lettera scrivi, a caso, "s" (per sinistra), "d" (per destra), o "e" (per entrambe).

Fase 2: Fissa il cartellone al muro al livello dei tuoi occhi.

Fase 3: Comincia il gioco pronunciando le lettere dell'alfabeto una alla volta dalla "a" alla "y" e al tempo stesso, seguendo le precedenti indicazioni casuali, solleva il braccio sinistro (s), il braccio destro (d), o entrambe le braccia (e). Continua per due minuti.

Fase 4: Ripeti la Fase 3, ma leggendo l'alfabeto al contrario dalla "y" alla "a". Continua per due minuti.

Fase 5: Infine, rileggi per cinque minuti dalla "y" alla "a", ma questa volta sollevando simultaneamente la gamba destra con il braccio sinistro, la gamba sinistra con il braccio destro, e saltando in aria con entrambe le gambe quando sollevi entrambe le braccia. È essenziale che i movimenti siano fatti in modo ritmico, con il minimo sforzo e la massima grazia. Idealmente ci dovrebbe essere anche una persona che ti aiuti e ti guidi in maniera che i movimenti siano di questo tipo.

A questo punto è auspicabile che tu sia in uno stato mentale che si potrebbe definire di flow. In quello stato mentale dovresti essere in grado di modellare, apprendere e agire a un livello più elevato del normale.

AUTOIPNOSI PER L'APPRENDIMENTO

Il metodo autoipnotico di Betty Erickson si può usare anche per aiutare l'apprendimento. Se hai dimenticato come autoindurti la trance, torna a vedere il Capitolo 1. Quando affermi lo scopo della seduta autoipnotica (Fase 3), dì qualcosa come "Sto entrando in una trance al fine di permettere alla mia mente inconscia di operare gli aggiustamenti che mi aiutino ad assorbire le informazioni rapidamente, facilmente e senza resistenze, e a ricordarle ogni volta che lo desidero". In alternativa potresti affermare la cosa che specificamente vuoi imparare: "Sto entrando in una trance al fine di permettere alla mia mente inconscia di operare gli aggiustamenti necessari che mi aiutino a imparare il francese/ad andare a cavallo/a suonare il violino/qualsiasi altra cosa". Quando sarai arrivato alla visualizzazione (Fasi 5f e 5g), immagina una scena in cui impari con successo a fare quello che desideri.

10 COSE DA RICORDARE

1. *La tua capacità di apprendere è la chiave per quasi tutto nella vita.*
2. *Se qualcuno riesce a fare una cosa, chiunque può imparare a farla.*
3. *Il modellamento è imperniato sullo scoprire le cose che gli esperti e i geni fanno "senza saperlo".*
4. *Il modellamento implicito comporta l'assorbire inconsciamente ciò che fa un'altra persona, senza farle domande e senza applicare descrizioni verbali.*
5. *Il modellamento esplicito comporta il dedurre consciamente quali tra le azioni assorbite dall'esperto sono importanti e quali invece irrilevanti.*
6. *Una volta che avrai imparato a fare una cosa, e che sarà diventata automatica, l'analisi conscia a tutti gli effetti inibirà le prestazioni.*
7. *Il modo ideale per apprendere muove dall'inconscio di un esperto direttamente al proprio inconscio.*
8. *Non limitarti a guardare il tuo esperto da una posizione dissociata: prova anche a "essere" la persona che stai modellando.*
9. *La tua capacità di apprendere è straordinaria: credi in essa.*
10. *Puoi migliorare la tua abilità di modellamento e la tua capacità di apprendimento inducendo uno stato di flow.*

COME ME LA STO CAVANDO?

- *Sei aperto a nuove esperienze di apprendimento?*
- *Hai deciso di imparare qualche nuova abilità?*
- *Sei convinto che se qualcuno riesce a fare una cosa, puoi imparare a farla anche tu?*
- *Hai trovato una o più persone da modellare?*
- *Sei riuscito a metterti nello stato di flow che rende più ricco e facile il modellamento?*
- *Hai modellato qualcuno?*
- *Hai provato a girare un video dei tuoi modelli?*
- *Sei riuscito ad aumentare la misura della tua fiducia nella tua capacità di apprendimento?*
- *Hai provato a usare l'autoipnosi per migliorare la tua capacità di apprendimento?*

Ovviamente ci vuole tempo per predisporre delle sessioni di modellamento: non mi aspetto che tu lo abbia già fatto. Potresti tuttavia certamente allenarti subito a usare le tecniche, magari su un amico. E puoi senz'altro cominciare già a sviluppare una mentalità aperta e positiva per quanto riguarda l'apprendimento.

Perciò, se non hai risposto "sì" ad almeno cinque delle domande, rileggi il capitolo e comincia a praticare il modellamento.

CAPITOLO

4

Trasforma la tua voce interiore

In questo capitolo imparerai:

- **come zittire una voce interiore negativa**
- **come usare lo Swish per eliminare i dubbi**
- **come reincorniciare le cose in modo più positivo**
- **come dialogare con il tuo inconscio**

Non esiste fallimento, ma solo feedback
Presupposizione di PNL

Oggi devi fare qualcosa che ti fa sentire nervoso? Magari devi andare in banca a chiedere un prestito. Magari hai un colloquio di lavoro. Magari si tratta di una lezione di equitazione.

E non è certo di aiuto che qualcuno ti dica "Non ci riuscirai, non ce la farai".

Chi diavolo osa venire a dirti una cosa del genere?

Si tratta della stessa persona che per anni ti ha detto che non sei attraente, simpatico, furbo, o bravo in generale.
E quella persona... sei *tu*.

O meglio, come sembra, una persona che vive dentro di te, quasi separatamente da te.
Tutti noi abbiamo una voce interiore. O anche diverse voci differenti.
Il problema è che le voci della maggior parte delle persone suonano incessantemente negative. Tendono a dire cose come: “Ma che cavolo fai? Hai fatto un casino... *di nuovo.* Non riesci a farne mai una giusta”. E così via.

L'INTUIZIONE

Cosa rispondi quando qualcuno ti saluta e ti chiede “Come va?”. Molti rispondono in modo negativo: “Non mi posso lamentare”, “Non male”, “Non malaccio”. È un modo di pensare talmente comune che la maggior parte di noi nemmeno se ne accorge. La prossima volta che qualcuno ti chiede come va, dì qualcosa di positivo e vedi che effetto ha sia su di te che sull'altra persona: “Alla grande!”; “Benissimo!”; “È fantastico essere al mondo!”.

Se hai una voce interiore negativa, le aspetta un bello scossone. Richard Bandler racconta che dice spesso alla propria: “Chiudi quella ca**o di bocca!”.

Se la tua voce dice cose negative, fai la stessa cosa: adesso. Aiuta, a volte anche molto. La PNL, però, dispone anche di alcune tecniche più sofisticate.

SCREDITARE UNA VOCE INTERIORE

Anziché semplicemente cercare di gridare più forte della voce interiore, un metodo efficace è quello di screditarla. Le voci interiori sono convincenti, ma non necessariamente hanno più ragione di quelle di altro tipo.

Un modo per *non* credere alla voce è quello di *modificarla*. Ora probabilmente suona autorevole. Ma se la facessi invece parlare con la voce di un politico di cui diffidi? Magari non le daresti altrettanto credito.

ADESSO TOCCA A TE

Fase 1: Pensa a una persona di cui diffidi. Potrebbe essere qualcuno che conosci, un politico dei nostri tempi, o una figura storica negativa. Senti la voce della persona scelta e identificane le caratteristiche (submodalità) che ti instillano diffidenza. C'è qualcosa nel tono? Nel ritmo? Nel timbro?

Fase 2: Ora pensa alla cosa negativa che la tua voce interiore ti dice, ma invece di sentire la voce consueta, trasferisci le parole nella voce di cui diffidi, completa di tutte quelle submodalità false, inaffidabili e subdole. Calati appieno nell'esperienza. Vedi la faccia della persona di cui diffidi e renditi conto che non credi a una singola parola di quello che sta dicendo. Potrebbe esserti di aiuto un sottofondo di musica nella tua mente, magari tratto da un programma comico (se la conosci, la musica di Benny Hill funziona benissimo, ad esempio) oppure una marcia che simboleggi indefessa opposizione.

Fase 3: Adesso spingi quella voce di cui non ti fidi, e il suo inaffidabile messaggio negativo, sempre più lontano da te, finché non diventerà sempre più flebile e non riuscirai più a sentirla.

Fase 4: Verifica come ti senti: auspicabilmente sarai molto meno negativo.

Fase 5: Fai un ricalco nel futuro (vedi sotto) visualizzando te stesso riuscire con successo nella cosa in cui la voce negativa ti diceva che avresti fallito.

Fase 6: *Fai realmente* la cosa che la tua voce negativa ti diceva che non saresti riuscito a fare.

PICCOLO GLOSSARIO: RICALCO NEL FUTURO

Il **ricalco nel futuro** consiste semplicemente nel processo di visualizzare una scena nell'avvenire in cui ti comporti nel modo desiderato. Questo ti aiuterà a installare il nuovo comportamento nel tuo inconscio.

ELIMINARE I TUOI DUBBI CON LO SWISH

A volte è più questione di sentirsi travolti da un generale *senso* di dubbio, piuttosto che da specifiche critiche. Una speciale procedura di immaginazione, conosciuta con il nome di Swish, può aiutarti in questi casi.

PICCOLO GLOSSARIO: LO SWISH

Lo **Swish** consiste nello scambiare un'immagine con un'altra in modo talmente rapido che le submodalità della prima immagine si trasferiscono alla seconda. Può essere utilizzato in molti modi diversi. Ricorda sempre di fare un controllo ecologico (vedi Capitolo 1) prima di usare lo Swish o di cercare di modificare con qualunque metodo il tuo inconscio.

ADESSO TOCCA A TE

Fase 1: Pensa a una tua qualità o caratteristica su cui hai dei dubbi che vorresti eliminare. Dubiti di essere attraente, ad esempio, oppure di essere coordinato, o persuasivo? Richiama un'immagine associata a quei dubbi (immagine 1). Ad esempio, potresti dubitare della tua capacità di tenere un discorso in pubblico. In questo caso potresti vederti mentre aspetti il momento in cui devi parlare. Ora identifica le submodalità associate al dubbio. Hai per caso una sensazione di sussulti allo stomaco? L'immagine che visualizzi è sfocata? È in una determinata posizione?

Fase 2: Pulisci il tuo schermo mentale, recitando al contrario il tuo numero di telefono.

Fase 3: Ora pensa a una tua qualità positiva su cui non hai alcun dubbio e riguardo alla quale provi solo certezza. Magari il tuo amore per i tuoi figli, o per il tuo cane, o per la tua città? Richiama un'immagine che esemplifichi la qualità di cui sei certo (immagine 2). Ora identifica le submodalità associate alla certezza. Senti qualcosa che ti gonfia il petto? La visualizzazione è chiara? È per caso molto colorata?

Fase 4: Esperisci appieno la certezza e l'immagine a essa associata (immagine 2) e poi, improvvisamente, in un lampo, giusto il tempo di dire "Swish", scambia l'immagine, e solo l'immagine, con quella riguardo alla quale hai dubbi (immagine 1). È essenziale che tu conservi le submodalità associate alla certezza (e tutte le relative sensazioni), trasferendole all'immagine 1, vedendoti così riuscire.

Fase 5: A questo punto dovresti cominciare a sentirti riguardo all'immagine 1 come ti sentivi riguardo all'immagine 2, ossia certo della tua capacità di farcela. Ripeti subito il processo più volte. Poi verificane il risultato facendo proprio la cosa riguardo alla quale prima dubitavi di te.

Fase 6: Continua ad alternare l'esercizio di visualizzazione e il test pratico, fino alla scomparsa dei tuoi dubbi.

L'INTUIZIONE

In PNL questo esercizio solitamente viene eseguito al contrario, associando dubbi alle valutazioni negative su te stesso, anziché associando certezza a quelle positive. Nella mia personale esperienza, è molto più facile farlo come l'ho descritto qui.

REINCORNICIARE LE COSE NEGATIVE

Abbiamo incontrato per la prima volta il reincorniciamento nel Capitolo 2. Se te ne sei dimenticato, torna indietro e rinfrescati la memoria. Essenzialmente il reincorniciamento comporta il cambiare un contesto nel quale consideri una cosa. Così facendo puoi cambiare completamente il tuo atteggiamento riguardo alla cosa, in modo da sentirti meglio e da vederti in modo più positivo.

Ogni volta che senti la tua voce interiore esprimere le cose in modo negativo, dovresti metterla in discussione e vedere se puoi invece collocarle meglio in una cornice di referenza positiva.

ADESSO TOCCA A TE

Quello che segue è un esercizio volto a reincorniciare una voce interiore. Oltre che utile, può anche essere molto divertente.

Fase 1: Pensa a una situazione riguardo alla quale la tua voce interiore ha detto cose negative. Potrebbe essere qualcosa del passato, oppure qualcosa che potresti fare nel futuro.

Fase 2: Scegli un fotogramma del tuo filmato interiore che rappresenti e contenga al meglio quella negatività.

Fase 3: Ora gioca un po' con l'immagine. Se ci sono persone che ti intimidiscono, perché non rimpicciolirle? Trasformale letteralmente in nanetti. Perché non dare loro degli accessori: magari cappelli buffi o nasi rossi. Come vedi te stesso? Perché non rappresentarti come un eroe o un'amazzone di un dipinto classico? Quando sarai soddisfatto dell'immagine modificata, sperimenta con diversi colori, superfici, sfondi e via dicendo. Ad esempio, potresti trasformarla in un cartone, un dipinto a olio oppure un acquerello. Una volta che avrai scoperto lo stile che più ti aiuta a sentirti come vorresti, fissalo nella tua mente.

Fase 4: Scegli una cornice per la tua immagine modificata. Puoi usare una cornice di qualsiasi forma: quadrata o rettangolare, ma anche ovale o tonda. Può avere dorature, essere in legno al naturale, plastica colorata, acciaio o qualsiasi altro materiale desideri. Ancora una volta, l'idea è quella di scegliere una cornice compatibile al massimo con il modo in cui vuoi sentirti. Come tocco finale, aggiungi una luce che illumini l'immagine.

Fase 5: Allontanati un poco e guarda la nuova immagine nella cornice. Adesso il tuo stato dovrebbe essere molto più vicino a quello desiderato. In caso contrario, prova a manipolare ulteriormente l'immagine e la cornice.

L'INTUIZIONE

Quando la mia voce interiore ha saputo quante persone erano arrivate prima di me alla fine della mia prima maratona, non era molto soddisfatta: "Avresti dovuto fare molto meglio", diceva. Così mi sono procurato i dati precisi riguardo alla mia categoria di età: le cose apparvero più incoraggianti. Poi feci notare alla mia voce interiore che, peraltro, la maggior parte dei partecipanti della mia categoria avevano già corso maratone in precedenza. Reincorniciando in questo modo, sono riuscito a godermi la cosa e a essere fiero di me per il mio primo tentativo, anziché sentirmi deluso.

REINCORNICIARE GLI OBIETTIVI

Nel Capitolo 7 imparerai i rischi del contestualizzare ed esprimere le istruzioni che impartisci agli altri in termini negativi. Lo stesso vale anche per la tua voce interiore quando ti fornisce istruzioni. Ad esempio, è alquanto inutile che la tua voce interiore ti dica "Non pensare troppo al fatto che potresti farti male" perché in quel caso pensi *immediatamente* proprio al fatto che potresti farti male. È come quando una persona ti dice "Non pensare alle giraffe rosa". Per comprendere l'istruzione sei immediatamente costretto a pensare alle giraffe rosa: non farlo è impossibile.

Anche gli obiettivi devono sempre essere espressi in termini positivi e affermativi, mai con negazioni. Ad esempio, la tua voce interiore non dovrebbe mai dire cose come "Non essere maldestro in futuro". Dovrebbe invece dire "Diventa ogni giorno più agile, attento e preciso nei tuoi movimenti".

Come puoi dunque fare in modo che la tua voce interiore riformuli le cose come vorresti? Un modo è semplicemente correggerla ogni volta che è inutilmente negativa.

ADESSO TOCCA A TE

Durante tutta questa settimana, presta attenzione alle formulazioni negative con cui si esprime la tua voce interiore: non appena si presentano, riformulale in modo positivo e affermativo.

UTILIZZARE PUNTI DI VISTA MULTIPLI

Cambiare punti di vista è una tecnica utile ogni volta che la tua voce interiore negativa ci sta dando dentro, e in particolare quando ti propone immagini spaventose per scoraggiarti. "Guarda qua", dice, "sarà così dopo che ti sarai schiantato/sarai caduto/avrai fatto una figura da idiota davanti a tutte quelle persone".

Abbiamo incontrato per la prima volta i punti di vista multipli nel Capitolo 2. Utilizzeremo ora la terza posizione e la dissociazione. In altre parole, minimizzeremo l'impatto emotivo della cosa, ponendoci in maniera distaccata come osservatori esterni.

ADESSO TOCCA A TE

Poniamo che tu sia in cima a una pista da sci molto ripida, una pista nera. Vuoi fare la pista, ma sei in apprensione. Da sotto non sembrava così tremenda, ma ora da quassù ti pare pericolosissima. La risposta, in questo caso, sta nel passare al punto di vista di una persona in fondo alla discesa che guarda in alto e ti vede. In altre parole si tratta di prendere le distanze dalla tua situazione. Ora non sembra più così ripida, vero? Guardati mentre scendi e scii sino alla fine della pista, e fallo per bene.

INQUADRATURA RISTRETTA

Si tratta di una variante sul tema dei punti di vista multipli che io uso spesso per situazioni fisicamente ostili. È fondamentalmente un'elaborazione del classico consiglio per le persone che hanno paura delle altezze: "Non guardare giù". Rimani associato (ossia in prima posizione), ma limiti il tuo campo visivo, sia coi tuoi occhi fisici sia *con gli occhi della mente*, a cose innocue e che ti sono familiari. Funziona bene anche per situazioni come le visite odontoiatriche.

L'INTUIZIONE

Un amico mi ha invitato a provare a fare canyoning nei Pirenei. È uno sport di cui è piuttosto esperto: si tratta di scendere da una montagna dentro al letto di un fiume o torrente. I corsi d'acqua trovano la via più rapida per scendere dalle montagne, e c'erano dunque molti tratti verticali che richiedevano di saltare nel vuoto verso pozze sottostanti, oppure di scendere con la corda. Mi sono concentrato esclusivamente sui movimenti che dovevo fare. Ogni volta che la mia voce interiore diceva "Guarda quanto alte sono queste cascate" io rispondevo "Sono troppo occupato a fissare questa corda". Non mi sono permesso di pensare alle rocce sottostanti, alla possibilità che i chiodi si staccassero o che si rompesse la corda. Niente. Mi sono limitato a notare il panorama. E ce l'ho fatta, tutto grazie a una "inquadratura ristretta".

METTERE IN DISCUSSIONE UNA VOCE INTERIORE

Finora abbiamo imparato come zittire, ignorare o sovrascrivere negatività e dubbi. Adesso analizzeremo cosa dice la voce negativa per scovare le falle nelle sue argomentazioni.

Secondo Bandler e Grinder, larga parte del successo terapeutico di Fritz Perls e Virginia Satir era dovuto proprio al processo di affrontare le voci interiori dei loro clienti.

“Nel linguaggio che utilizziamo si nasconde della magia”, scrivono Bandler e Grinder ne *La Struttura della magia.* “Le tele di ragno che puoi tessere e disfare sono sottoposte al tuo comando, se solo presti attenzione agli... incantesimi...”.

Gli incantesimi che ci interessano in questa sede sono le cosiddette “messe in discussione”. Bandler e Grinder hanno ridotto tutti gli argomenti di Perls e Satir a una dozzina circa di diversi tipi di messe in discussione. Le hanno chiamate Meta Modello, perché sia Perls sia la Satir avevano una “mappa o modello per cambiare i modelli dei loro clienti”.

Il Meta Modello dunque fu originariamente sviluppato per aiutare i terapeuti a ottenere con i clienti gli stessi risultati che ottenevano Perls e la Satir; tu puoi usarlo allo stesso modo per mettere in discussione te stesso e i tuoi modelli del mondo.

Secondo il Meta Modello, la tua “mappa interiore” ha dei difetti causati da processi di:

- *generalizzazione*
- *cancellazione*
- *distorsione*

Una volta che avrai preso coscienza di questi difetti, potrai trasformare quello che dice la tua voce interiore.

GENERALIZZAZIONE

La generalizzazione, secondo *La Struttura della Magia*, è il processo tramite il quale elementi del modello di una persona "si distaccano dall'esperienza originaria e arrivano a rappresentare l'intera categoria di cui l'esperienza è un esempio". Se da bambino ti sei scottato con una padella, potresti aver imparato a stare attento non solo alle padelle ma a *tutte* le cose roventi. Questo è utile. Ma poniamo invece che tu sia stato morso da *un determinato* cane, e da allora abbia evitato *tutti* i cani. In questo caso la generalizzazione avrebbe limitato inutilmente le opzioni a tua disposizione e le tue possibilità di goderti certe cose e situazioni.

CANCELLAZIONE

La cancellazione è il processo tramite il quale prestiamo attenzione ad *alcuni* aspetti dei dati che riceviamo tramite i nostri sensi, ma *non ad altri.* C'è una buona ragione per questo: se non operassimo delle selezioni saremmo travolti e schiacciati dal carico di informazioni. Ma ancora una volta significa che le nostre mappe del mondo sono piuttosto diverse da quello che effettivamente c'è là fuori. Bandler e Grinder fanno l'esempio di un uomo che si lamentava del fatto che la moglie non gli diceva mai cose amorevoli; ma quando i due visitarono l'uomo a casa sua, sentirono la moglie dirgli cose amorevoli. Quando si faceva notare questo fatto all'uomo, egli diceva di non averle sentite: letteralmente cancellava alcune delle cose che la moglie diceva.

DISTORSIONE

In un esperimento furono mostrate *rapidamente* ad alcuni soggetti delle carte da gioco, una alla volta, chiedendo loro al tempo stesso di identificarle. Le carte erano in maggioranza normali, ma alcune erano state alterate, in modo tale che ad esempio il sei di picche era rosso e il quattro di cuori era nero. Nessuno notò niente di strano: i soggetti distorcevano quello che vedevano per farlo rientrare nel loro modello *preesistente.*

Un certo grado di generalizzazione, cancellazione e distorsione è dunque sia necessario sia inevitabile per riuscire a pensare efficacemente ed esprimerci con gli altri. I problemi insorgono quando questi processi diventano eccessivi o negativi.

La PNL suddivide queste tre categorie in una dozzina di specifici tipi di "violazioni". Alcune hanno nomi piuttosto particolari derivanti dalla formazione di linguista che aveva Grinder, ad esempio "performativo perduto", "nominalizzazioni" e "indice referenziale assente". Questo può far sì che la cosa appaia più complicata di quanto in realtà sia.

ADESSO TOCCA A TE

Nei fatti, Perls e la Satir generavano cambiamenti semplicemente ponendo delle domande ogni volta che incontravano esempi nocivi di generalizzazione, cancellazione o distorsione. Ad esempio, se un cliente diceva che "tutti" erano contro di lui, la domanda poteva essere "Tutti? Senza eccezione?". In questo modo apparentemente semplice, il cliente si trovava costretto a riconoscere la generalizzazione e a vedere le cose in modo diverso.

Qui sotto fornisco alcuni esempi del tipo di cose negative che la tua voce interiore potrebbe dirti. Dopo averle esaminate, decidi se si tratta di generalizzazioni, cancellazioni o distorsioni. Poi formula il modo in cui le metteresti in discussione.

1. Non sei capace di fare niente
2. Ti sbagli sempre

3. Hai molte paure
4. Sai cosa pensa di te
5. Il suo comportamento ti ha portato all'alcol
6. Sei molto bravo a fare il tuo lavoro
7. Dovresti andare alla festa
8. Fa queste cose perché non ti vuole bene
9. È meglio che tu te ne vada
10. Puoi raggiungere e realizzare qualsiasi cosa desideri

Vediamo come te la sei cavata. Hai notato quali erano generalizzazioni, quali cancellazioni e quali distorsioni?

1. Questa è una generalizzazione piuttosto ovvia. Potresti metterla in discussione rispondendo così: "Non sono capace di fare niente? Vuoi dire che non c'è niente che sono in grado di fare a uno standard ragionevole? Avanti, lo sai che sono bravo a...".
2. Questa è un'altra generalizzazione, che si potrebbe mettere in discussione così: "Mi sbaglio sempre? Vuoi dire che non ho mai avuto ragione neanche una sola volta? Avanti, e allora quella volta che...".
3. Questa è un po' meno ovvia. È un tipo di distorsione detta "nominalizzazione", che tecnicamente indica che un verbo è stato trasformato in un sostantivo. Nei fatti, una cosa temporanea e mutevole (provare paura) diventa una cosa che sembra statica e solida (una paura). L'idea per metterla in discussione è quella di ristabilire la natura temporanea e mutevole della cosa: "Quando provo paura?".
4. Questo è un esempio di un altro tipo di distorsione conosciuta come "lettura del pensiero". Per metterla in discussione potresti chiedere: "Come posso sapere io cosa pensa lei?".
5. Qui si collegano due elementi con un legame che sembra inevitabile: un legame di causa-effetto. In effetti, però, si tratta di una distorsione che potresti mettere in discussione così: "In che modo il suo comportamento non mi ha lasciato altre opzioni se non l'alcol?".
6. Ho inserito questa frase per vedere se fossi attento. Non è per niente negativa: è anzi esattamente il tipo di cosa che dovrebbe dire la tua voce interiore.

7. Questo è un tipo di generalizzazione conosciuta con il nome di operatore modale. Si crea un senso di obbligo o di inevitabilità, quando la cosa in realtà non sussiste. Si può mettere in discussione ad esempio dicendo: "Perché dovrei? Cosa succederebbe se non ci andassi?".
8. Questa generalizzazione è una sorta di presupposizione. La tua voce interiore dà significato a una cosa presupponendone un'altra. Ma potrebbe avere torto. Potresti metterla in discussione dicendo: "Come sai che non mi vuole bene?".
9. Questo è un esempio di cancellazione di termine di comparazione. La tua voce interiore non specifica rispetto a cosa sarebbe meglio il fatto che tu te ne andassi, e potrebbe non aver considerato bene la cosa. Potresti metterla in discussione così: "Meglio di cosa? Qual è l'alternativa?".
10. Può essere una generalizzazione, ma non è negativa: non dovresti metterla in discussione.

Ho specificato alcune delle sottocategorie delle "violazioni" del Meta Modello, che tuttavia non sono fondamentali per i nostri scopi. È molto più importante riconoscere la mentalità negativa e metterla in discussione ogni volta. Se vivi con generalizzazioni, cancellazioni e distorsioni negative ogni giorno della tua vita, esse possono diventare una parte integrante del tuo panorama interiore fino al punto che nemmeno più le noti e dare luogo a una situazione molto pericolosa.

L'INTUIZIONE

Ovviamente alcuni tipi di pensieri negativi sono essenziali, altrimenti finiremmo ben presto per compiere azioni che ci porterebbero a farci del male o addirittura a morire. Quello su cui ci interessa lavorare sono i pensieri che minano le nostre capacità e bloccano i nostri progressi: "Non ci riuscirei mai", "È troppo difficile per me", "Non diventerò mai bravo", e via dicendo. Come esperimento, mi sono messo a prendere un appunto ogni volta che avevo un pensiero negativo durante la giornata. Prova anche tu: fai semplicemente un segno, un puntino su un pezzo di carta o sul dorso della tua mano. Potresti rimanere sorpreso dalla quantità di puntini che accumuli.

TRASFORMARE LA TUA VOCE INTERIORE IN UN PARTNER COSTRUTTIVO

Una volta che avrai messo in discussione con successo una voce interiore negativa, il passo successivo sarà instaurare un dialogo costruttivo.

Un buon punto di partenza è la seguente presupposizione della PNL:

Alla base di ogni comportamento vi è un'intenzione positiva.

In altre parole, quando la tua voce interiore ti dice che non vali niente, lo fa perché pensa di fare il tuo bene. Devi scoprire qual è questa intenzione positiva. Come? Semplicemente dando inizio a una conversazione, così:

Tu: Perché continui a criticarmi?
Voce interiore: Perché voglio che tu ti svegli e faccia più attenzione a quello che fai.
Tu: Be', stai ottenendo esattamente l'effetto contrario, perché mi demoralizzi.
Voce interiore: Ah, sei anche un debole, come se non bastasse il resto. Non sopporti le critiche!
Tu: Te lo dico: se non migliori mi libero di te.
Voce interiore: Ti piacerebbe! Ascolta, devi smettere di fare errori stupidi.
Tu: Allora dimmi come fare. Sii più costruttiva.
Voce interiore: Ok. Devi essere più paziente. Essere disposto a passare un po' più di tempo a prepararti prima di buttarti a fare le cose. Se lo farai andrai bene.
Tu: Perché non mi hai detto così fin dall'inizio?

Hai trovato la conversazione comica o addirittura assurda? Se la risposta è sì, troverai la Ristrutturazione in sei fasi una sorta di rivelazione, perché parlerai al tuo inconscio in questa maniera, come se fosse un'altra persona. Questa tecnica sviluppata da John Grinder può essere utilizzata per cambiare comportamenti di ogni tipo. In questo esempio la stiamo usando per cambiare la negatività del tuo inconscio riguardo, diciamo, a qualsiasi attività fisica potenzialmente pericolosa. Di primo acchito la Ristrutturazione in sei fasi potrebbe sembrarti un po' bizzarra. Tuttavia, dopo averla provata, ti abituerai all'idea piuttosto in fretta.

Fase 1: Identifica il comportamento da cambiare. In questo esempio si tratta dell'atteggiamento negativo dei commenti del tuo inconscio.

Fase 2: Stabilisci un canale di comunicazione con il tuo inconscio tramite un segnale involontario e affidabile. Grinder suggerisce di chiedere qualcosa come: "Sei disposto a comunicare con me, mio inconscio?". Devi poi aspettare passivamente un segnale, mentre rivolgi l'attenzione al tuo corpo. Se ricevi un segnale, tocca l'area del corpo dove si è verificato e dì "Grazie". Per controllare chiedi poi: "Se il segnale che mi hai appena offerto significa 'sì', per favore ripetilo". Poi si tratta di convalidare il segnale: chiedi al tuo inconscio di rimanere inattivo, e cerca di riprodurre il segnale consciamente. Se ci riesci è possibile che il segnale non fosse autenticamente inconscio, perciò dovrai ripetere la procedura fino a ottenere un vero segnale involontario.

Fase 3: Scopri l'intenzione positiva alla base del comportamento da modificare. In questo caso potresti chiedere al tuo inconscio: "Qual è l'intenzione positiva alla base dei commenti interiori negativi?". Poniamo che tu ottenga come risposta "È per impedirti di fare cose che potrebbero portarti a farti del male".

Fase 4: Una volta scoperta l'intenzione positiva, hai bisogno di generare una serie di alternative capaci di soddisfarla in modo equivalente o migliore del comportamento originario. Chiedi al tuo inconscio: "Sviluppa una serie di comportamenti alternativi, che soddisfino tutti l'intenzione positiva permettendomi al tempo stesso di ottenere il cambiamento che desidero. Tra questi scegline tre da mettere in atto. Quando hai finito di fare queste cose, dammi un segnale positivo".

Fase 5: I comportamenti alternativi dovrebbero ora apparirti evidenti. Ad esempio, il tuo inconscio potrebbe acconsentire a cessare i commenti negativi se tu a) accetti il fatto che devi prendere un maggior numero di lezioni, b) ti impegni ad allenarti in maniera più sistematica a fare le manovre di base, c) sei disposto a indossare protezioni. Fai in modo che il tuo inconscio si prenda la responsabilità di mettere in atto i nuovi comportamenti. Ad esempio, potresti chiedere: "Ti prenderai, mio inconscio, la responsabilità di garantire che i nuovi comportamenti siano messi in pratica?".

Fase 6: Fai un controllo ecologico (vedi Capitolo 1), chiedendo al tuo inconscio di accertarsi che nessuno dei nuovi comportamenti crei problemi a te o alle persone attorno a te.

L'INTUIZIONE

Alcuni esempi del tipo di segnale che potrebbe darti il tuo inconscio e che non sarebbero facili da riprodurre consciamente (Fase 2) sono:

- sensazione di formicolio dietro al collo o lungo la colonna vertebrale
- contrazioni o pulsazioni di un singolo muscolo
- una sensazione localizzata di calore o di solletico
- un sensazione localizzata di addormentamento delle membra

AUTOIPNOSI

Il metodo di autoipnosi di Betty Erickson si può anche utilizzare per aiutare a controllare una voce interiore negativa. Se ti sei dimenticato come autoindurti la trance, torna a vedere il Capitolo 1. Quando affermi lo scopo della seduta autoipnotica (Fase 3), pronuncia qualcosa come: "Sto entrando in una trance al fine di chiedere alla mia mente inconscia di limitare i commenti negativi a quelle rare occasioni in cui potrebbe effettivamente succedermi qualcosa di grave". Quando arrivi alla visualizzazione (Fasi 5f e 5g), immaginati mentre dimostri i comportamenti desiderati, libero da critiche non necessarie. Nel prossimo capitolo faremo il passo successivo, che è quello di sviluppare gli aspetti positivi dopo aver controllato quelli negativi.

10 COSE DA RICORDARE

1. *Puoi semplicemente dire a una voce interiore negativa: "Chiudi quella ca**o di bocca!".*
2. *Puoi screditare una voce interiore facendola suonare come quella di una persona di cui diffidi.*
3. *Lo Swish è una tecnica che si può impiegare per sostituire al dubbio la certezza.*
4. *Il reincorniciamento è un modo nuovo di vedere una cosa, in maniera tale da trasformare in positivo qualcosa di negativo.*
5. *Ogni volta che la tua voce interiore dice qualcosa di negativo, dovresti metterla in discussione.*
6. *La generalizzazione è il processo tramite il quale induciamo noi stessi a credere che una determinata esperienza sia rappresentativa di tutte le altre esperienze simili.*
7. *La cancellazione è il processo tramite il quale filtriamo ed eliminiamo parte delle informazioni per evitare di sovraccaricare il nostro cervello.*
8. *La distorsione è il processo tramite il quale adattiamo le cose al nostro modello del mondo, invece di cambiare il modello adattandolo ai fatti.*
9. *C'è sempre un'intenzione positiva alla base di un messaggio negativo da parte del nostro inconscio.*
10. *La Ristrutturazione in sei fasi si può utilizzare per trovare altri modi di soddisfare quell'intenzione positiva.*

COME ME LA STO CAVANDO?

- *Quando qualcuno ti ha chiesto "Come va?" hai risposto "Alla grande!"?*
- *Hai detto alla tua voce interiore di "chiudere quella ca**o di bocca" quando è stata negativa? Lo ha fatto?*
- *Sei riuscito a screditare una voce interiore negativa facendola sembrare quella di una persona di cui diffidi?*
- *Sei riuscito a usare lo Swish per liberarti dei dubbi?*
- *Sei riuscito a reincorniciare qualcosa che vedevi in termini negativi, in modo da vederlo ora positivamente?*
- *Hai individuato esempi di generalizzazione, distorsione e cancellazione nei tuoi pensieri?*
- *Se sì, sei riuscito a correggerli?*
- *Hai contato e sommato il numero di pensieri negativi che hai durante una giornata?*
- *Sei riuscito a individuare un'intenzione positiva alla base di almeno una delle critiche mosse dalla tua voce interiore?*
- *Se sì, sei riuscito a trovare un modo nuovo e più creativo di soddisfare quell'intenzione positiva?*

Se hai risposto "No" a quattro o più domande, ritorna alle relative parti del capitolo ed esegui gli esercizi pratici. Non puoi permettere a quella voce negativa di continuare a fare danni.

CAPITOLO

5

Trasforma il tuo successo

In questo capitolo imparerai:

- **come programmare te stesso per il successo**
- **come aumentare la tua motivazione**
- **come comportarti automaticamente nel modo esatto che desideri**
- **come costruire il tuo futuro osservando il processo al contrario**

> ***Se quello che stai facendo non funziona, fai qualcos'altro***
> *Presupposizione di PNL*

Come ama sottolineare Richard Bandler, se vai alla ricerca delle difficoltà... finirai sempre per trovarle. Invece, dice Richard, dovresti cercare di vedere *cosa funziona*. Nel capitolo precedente abbiamo imparato come *non* cercare le difficoltà. In questo capitolo esamineremo la seconda parte della raccomandazione di Bandler.

COMINCIARE LA GIORNATA

Cominciamo proprio dall'inizio della giornata. A che ora è per te? Magari un inizio austero alle 6 del mattino? O uno più rilassato alle 7:30? O forse uno del tutto svogliato attorno alle 9? In realtà la giornata non comincia quando ti alzi: il giorno comincia *quando vai a letto.* È quello che fai *in quel momento* che stabilisce l'atmosfera e l'andamento delle ventiquattr'ore successive.

Hai mai dovuto alzarti presto per qualcosa di importante? Certo che sì. E la notte prima ti sei detto qualcosa del tipo: "Mi devo svegliare alle 6, mi devo svegliare alle 6"? E ha funzionato, vero?

C'è qualcosa nelle persone capace di misurare il tempo in modo alquanto accurato. E impostarti mentalmente prima di andare a dormire solitamente funziona, perché quando sei nel limbo alla soglia tra la veglia e il sonno, hai un ottimo accesso al tuo inconscio. Pensaci. Se funziona con l'ora a cui svegliarsi, può funzionare anche per altre cose.

Dunque quello che dovresti fare è non solo impostarti per svegliarti *prima* che suoni la sveglia, ma anche per svegliarti pieno di ottimismo. Bandler dice che vuole che le persone si alzino e si chiedano: "Quanto posso divertirmi oggi?"; "Quanta libertà posso trovare?"; "Quante cose in più che non ho mai fatto prima posso fare?". Questo tipo di atteggiamento si programma la notte prima.

Tutto quello che devi fare, quando stai per addormentarti, è dire qualcosa come: "Adesso mi farò una magnifica dormita notturna, e quando mi sveglierò alle 7 mi sentirò completamente riposato e pieno di entusiasmo e ottimismo per le cose che farò durante il giorno".

Elabora e modifica la formulazione come credi. Potresti voler evocare immagini delle cose meravigliose che realizzerai. Punta la sveglia per un paio di minuti dopo le 7 (o qualsiasi orario tu abbia scelto), ma solo come sistema di sicurezza. Non solo noterai di svegliarti da solo *prima* della sveglia, ma ti sentirai anche positivo riguardo alla giornata che ti aspetta. È un buon inizio.

(Peraltro, se dormi con qualcuno, non saltare fuori dal letto senza aver elargito e ricevuto una buona dose di coccole. Vedi il Capitolo 8.)

MOTIVARSI

Ok. Dunque sei in piedi. Ti senti bene. Ora hai bisogno di motivarti per il prossimo passo da compiere.

La PNL crea una distinzione tra due diversi tipi di motivazione:

- motivazione "via da" qualcosa
- motivazione "verso" qualcosa

Poniamo che tu sia cresciuto in circostanze difficili dal punto di vista finanziario. Hai conosciuto la fame, il freddo e la sensazione di portare sempre gli stessi vestiti giorno dopo giorno, settimana dopo settimana. Ora che sei adulto hai il desiderio bruciante di essere ricco, perché non vuoi mai più sperimentare quel tipo di povertà. Questa è una motivazione "via da" qualcosa.

Ora poniamo che tu sia cresciuto in una famiglia con buone disponibilità economiche e abbia un lavoro ben retribuito. Vuoi però comunque realizzare di più in senso materiale. Sogni yacht sull'oceano, aerei privati, elicotteri che ti portino a sciare fuori pista d'inverno, mari esotici d'estate e via dicendo. Questa è motivazione "verso" qualcosa.

Ovviamente la direzione motivazionale non ha necessariamente a che vedere con il denaro. Puoi essere motivato "via da" scomodità, conflitti, critiche, paura, dolore, imbarazzo, fallimento, proprio come puoi esserlo invece "verso" la comodità, la tranquillità, le lodi, il successo e molto altro.

Nessuno è completamente "via da" o "verso", ma per ogni singolo tipo di situazione tendiamo a essere più nel primo o nel secondo modo. Per motivarti in modo efficace si rivela di aiuto comprendere la tua personalità in questo senso.

ADESSO TOCCA A TE

Pensa ai seguenti contesti e chiediti se la tua motivazione è più di tipo "via da" oppure "verso":

- *studiare*
- *andare al lavoro*
- *guardare la televisione*
- *incontrare gli amici*
- *leggere*
- *fare l'amore*

ALIMENTARE LA MOTIVAZIONE

Una volta deciso quale tipo di motivazione funziona meglio per te, puoi procedere ad alimentarla per farla divampare.

Poniamo che, per varie ragioni, tu desideri smettere di fare qualcosa, ad esempio giocare d'azzardo. Ci hai provato e hai fallito. E la ragione è questa: sei motivato a smettere, ma la tua motivazione a continuare a giocare d'azzardo è ancora più forte. Poniamo che tu sia generalmente una persona "via da". Quello che devi fare è alimentare la tua motivazione a *non* giocare d'azzardo, finché supera la tua motivazione a farlo. In altre parole, devi arrivare al punto in cui dici "Quando è troppo è troppo". Ecco un procedimento per arrivare a quella sensazione.

ADESSO TOCCA A TE

Fase 1: Pensa a cinque scene negative collegate al gioco d'azzardo (o qualsiasi altra cosa tu abbia scelto). Potresti, ad esempio, visualizzare l'arrivo di bollette importanti che non puoi pagare perché hai perso troppi soldi. Potresti pensare a quanto è arrabbiata la tua partner (o il tuo partner). Potresti pensare all'impatto negativo dello stress sulla tua salute e via dicendo.

Fase 2: Proietta nella tua mente le cinque scene, una dopo l'altra, creando il tuo personale filmato "anti gioco d'azzardo". Poi riproiettale, ma più velocemente. E poi di nuovo, ancora più velocemente. Continua così finché hai la sensazione insopportabile che "Quando è troppo è troppo".

L'INTUIZIONE

Se sei una persona *"verso"*, userai la medesima procedura, combinando però cinque immagini che illustrino quanto sarebbe meraviglioso vivere senza giocare d'azzardo.

PRENDERE IN PRESTITO LA MOTIVAZIONE

Tutti abbiamo cose che dobbiamo fare e per le quali non ci sentiamo motivati, né in modo "via da" né in modo "verso".
La PNL ti può aiutare a prendere in prestito, per così dire, la motivazione che provi nel fare qualcosa che invece *ami* fare. La procedura che segue utilizza la tecnica dello Swish che già conosci.

ADESSO TOCCA A TE

Fase 1: Pensa a qualcosa che ti piace tantissimo fare, e che ti senti fortissimamente motivato a fare, ad esempio una serata romantica con la persona che ami (immagine 1). Prendi nota delle submodalità associate a questa spinta motivazionale.

Fase 2: Pensa alla cosa che devi fare ma per la quale non ti senti motivato, ad esempio i lavori di casa (immagine 2).

Fase 3: Soffermati a godere l'immagine 1. Vedi, senti, tocca, gusta e odora tutto ciò che vi è associato. Amplifica al massimo le sensazioni, facendole girare. Quando tutto è al picco massimo, fai improvvisamente uno Swish, portando l'immagine 2 nella posizione occupata prima dall'immagine 1. Conserva le submodalità dell'immagine 1. Soffermati a godere l'atteggiamento ora altamente motivato e motivante nei confronti di questa cosa che prima non ti sentivi motivato a fare. Ripeti lo Swish più volte, finché non vedi l'ora di metterti a fare veramente la cosa dell'immagine 2.

Fase 4: Vai e falla.

L'INTUIZIONE

Potresti riuscire a potenziare ulteriormente la tua motivazione pensando a modi in cui fare la cosa dell'immagine 2 potrebbe effettivamente *portarti* alla cosa dell'immagine 1. Ad esempio, fare i lavori di casa e pulire e mettere in ordine la camera da letto (immagine 2) potrebbe effettivamente portare a una serata romantica a letto (immagine 1).

IL CERCHIO DELLA FIDUCIA IN SE STESSI

Dunque sei pronto all'azione e sei motivato. Ma ti serve ancora qualcosa in più. Ti serve la convinzione di potercela fare. Ti serve fiducia in te stesso.

Se non avessi avuto fiducia in te quando eri un bambino piccolo, non avresti mai imparato a stare in piedi, a camminare, a parlare, a mangiare da solo, a leggere, o ad appropriarti di tutte le altre abilità che possiedi. Da bambino il concetto di "fallimento" non aveva significato per te: continuavi semplicemente a provare fino a farcela.

Purtroppo, mentre cresciamo, la parola "fallimento" comincia a spaventarci. Arriviamo addirittura al punto di preferire di non provare, piuttosto che fallire. Ragioniamo concludendo che se non proviamo non possiamo fallire, un pensiero con cui sembra più facile vivere.

Ebbene, questo è uno dei casi in cui è molto meglio avere un atteggiamento "infantile".

Il Cerchio della Fiducia in Se Stessi è una tecnica per trasferire sicurezza di sé da un contesto in cui ti senti padrone della situazione, a uno in cui ti senti inadeguato. Ci sono persone che scalano montagne o fanno il giro del mondo da sole in barca a vela per cercare di convincersi di poter avere la sicurezza sufficiente ad affrontare qualsiasi situazione. Ragionano pensando che se affrontano le sfide più dure del mondo, poi null'altro sembrerà mai più difficile. Ma la vita non è esattamente così.

La PNL fa le cose in modo diverso. Ti permette di prendere la sicurezza di te che hai provato in qualsiasi situazione precedente, anche una che era *facile*, e di trasferire la sensazione a una situazione più difficile.

ADESSO TOCCA A TE

Questa è la mia variante del Cerchio della Fiducia in Se Stessi; trovo funzioni molto bene.

Fase 1: Tra poco dovrai affrontare una sfida importante. Pensa a una qualità di cui avrai bisogno per gestire la situazione al meglio delle tue capacità. In questo esempio ci concentreremo sulla sicurezza di sé, ma potresti usare la procedura anche per altre qualità.

Fase 2: Cerca tra i tuoi ricordi quello di una situazione passata in cui hai provato quel senso di sicurezza di te di cui hai bisogno. Non serve che sia una situazione particolarmente difficile. Rivivi quel momento, vedendo e sentendo tutto nel massimo dettaglio possibile. In particolare nota l'aspetto che avevi e il modo in cui emanavi sicurezza.

Fase 3: Immagina un cerchio sul pavimento. Prendi la sicurezza che provi e riversala nel cerchio. Immediatamente il cerchio assume un colore: un colore che, per te, è il colore della fiducia in te stesso. Fa anche un rumore: magari è un brusio, o una musica, qualsiasi cosa esprima per te la qualità che hai riversato nel cerchio.

Fase 4: Avrai bisogno di altre qualità? Magari la pazienza? O la capacità di giudizio? Se sì, ripeti la procedura, riversando nel tuo cerchio anche quelle qualità.

Fase 5: Rivolgi i tuoi pensieri all'occasione futura in cui vuoi avere quelle qualità. Scegli un segnale di innesco per quel momento. Ad esempio, se si tratta di dover tenere un discorso, il segnale di ingresso potrebbe essere un'altra persona che ti presenta. Oppure, se stai andando a un colloquio di lavoro, potrebbe essere una segretaria che chiama il tuo nome (non scegliere però un segnale troppo specifico, o potresti non riceverlo poi nella situazione reale).

Fase 6: Tenendo a mente quel segnale, entra nel cerchio e visualizza tutte quelle qualità che salgono dal pavimento, permeandoti e avvolgendoti. Quando ti muovi in giro, quel bozzolo di sicurezza ti seguirà muovendosi con te.

Fase 7: Visualizza il futuro che si svolge a partire dal momento del segnale. Guardati mentre ti comporti con sicurezza di te, e con tutte le altre qualità che hai selezionato.

Fase 8: Quando arriva veramente il momento del segnale di innesco, visualizza il cerchio sul pavimento, vai al suo interno, e fai quello che devi fare.

L'INTUIZIONE

Ricorda che la PNL parte dal presupposto che le persone hanno già a disposizione tutte le risorse di cui hanno bisogno. Devi mettercela tutta per trovare le qualità necessarie dentro di te. Se non ci riesci, visualizza un'altra persona che le rappresenta, magari il personaggio di un film.

ACQUISIRE SICUREZZA DI SÉ, IN UNO "SWISH"

Nel capitolo precedente hai imparato a usare lo Swish, a creare cioè un'emozione con un'immagine e a sostituirvi poi una nuova immagine che assume così la stessa carica emotiva della prima. Ora utilizzeremo questo processo per la sicurezza di sé. Puoi quindi usare lo Swish in alternativa al Cerchio della Fiducia appena presentato, oppure in combinazione. Più tecniche hai a tua disposizione, e più frequentemente le usi, più potente sarà l'effetto.

Per l'esercizio di Swish che segue, trovati un posto comodo e tranquillo. Stare seduto sul tuo letto può essere un'ottima posizione. Se preferisci, puoi praticare le Fasi 1, 3 e 4 per allenarti in momenti diversi. Una volta che avrai acquisito la piena abilità, potrai mettere insieme l'intera procedura ed eseguirla nella sua totalità, dall'inizio alla fine, il numero dovuto di volte.

L'INTUIZIONE

Questa è una visualizzazione che ad alcuni può risultare difficile, ma è auspicabile che tu abbia fatto pratica di visualizzazione fin dal Capitolo 1 e che la tua tecnica sia ormai buona. In caso contrario, torna al primo capitolo e rivedi le basi del metodo. Certe persone hanno una capacità altamente sviluppata di "vedere" immagini create nelle proprie menti; altre lo trovano inizialmente molto difficile. Nel caso sorgessero problemi, nella mia esperienza ho scoperto che pensare a delle fotografie può essere un modo migliore per cominciare, prima di passare a ricordare le persone o gli eventi com'erano. E quando si tratta di visualizzare *te stesso*, fotografie e filmati amatoriali sono opzioni più semplici di quanto non lo sia ricordare quello che vedevi allo specchio.

ADESSO TOCCA A TE

Fase 1: Il tuo primo compito è quello di pensare al tipo di situazione in cui hai bisogno di più sicurezza di te. Una situazione in cui ti sei sentito inadeguato in passato e che sai si ripeterà ancora in futuro. Quando succede, non vuoi più sentirti inadeguato. Vuoi sentire di comportarti in modo appropriato ed efficace, ai tuoi occhi e a quelli degli altri. Entra autenticamente in quell'esperienza passata insoddisfacente. Vedi, senti, odora, gusta e tocca quanto più puoi di essa. Se qualcuno sta dicendo qualcosa, o se tu stai parlando, ad alta voce o nella tua testa, notalo. Nota anche dove nel tuo corpo sperimenti quelle sensazioni di inadeguatezza: magari nello stomaco? Concediti il tempo per fare queste cose. Questa è l'immagine di innesco.

Fase 2: Pulisci lo schermo mentale. È un po' come pulirsi la bocca con un pezzo di pane prima di assaggiare un secondo tipo di vino. L'idea è semplicemente quella di spazzare via le immagini della Fase 1, in maniera tale che la tua mente sia pronta per la visualizzazione successiva. Se trovi difficile fare pulizia mentale, prova ad esempio a recitare al contrario il tuo numero di telefono.

Fase 3: Ora ti costruirai un'immagine di te stesso come *vorresti* essere: come vorresti apparire e sentirti se avessi il totale dominio sulla situazione dell'immagine di innesco, e *la avessi già affrontata con successo.* Si tratta del "te stesso" che effettivamente diventerai a breve. Chiamiamo questa versione il "te meraviglioso". Lavora a lungo al creare l'immagine di "te meraviglioso". Cosa indossa il "te meraviglioso"? Quale portamento ha e come si muove? Quale espressione ha in volto? Continua finché proverai ammirazione per il "te meraviglioso". Ancora una volta, prenditi il tempo necessario. Non c'è fretta. Infine, dai al "te meraviglioso" qualcosa da dire che veramente incarni e riassuma come vuoi sentirti dopo aver trionfato. Potrebbe essere "Domino questa situazione", o "Non sbaglio mai", o "Facile!", o qualsiasi cosa desideri.

Fase 4: Prendi l'immagine di "te meraviglioso" e comprimila in un puntino luccicante. Metti il puntino su uno schermo vuoto, e fallo espandere fino a coprire tutto lo schermo. Ascolta il "te meraviglioso" che pronuncia le parole decise nella Fase 3.

Ripeti questa fase più volte, finché non sarai riuscito a evocare mentalmente con facilità il puntino luccicante e la sua espansione. Questo per molti può essere il momento più complesso della visualizzazione, e potresti dover fare pratica per qualche tempo.

Fase 5: Colloca il puntino luccicante al centro dell'immagine di innesco della Fase 1, e fai lo Swish. Fai in modo che quella fastidiosa immagine di innesco sfumi via e si disintegri, mentre il puntino luccicante diventa sempre più grande, luminoso e chiaro. Se sai già che aspetto avrebbe il successo, visualizza il "te meraviglioso" mentre si comporta in quel modo nell'immagine che si è espansa a partire dal puntino. Ad esempio, se eri nervoso riguardo a una certa manovra con lo snowboard, potresti visualizzare il "te meraviglioso" che fa alla perfezione quello che fanno gli esperti. Se invece non conosci la soluzione, visualizza semplicemente il "te meraviglioso" che dice le parole decise alla Fase 3.

Fase 6: Crea un'interruzione facendo comparire uno schermo completamente vuoto.

Fase 7: Ripeti sempre più velocemente le Fasi da 4 a 6. È impossibile dire esattamente quante volte sarà necessario farlo: per alcune persone ne bastano due o tre, altre hanno bisogno di una decina o più di volte.

Fase 8: Cerca di ricordare l'immagine di innesco originaria. Se non ci riesci, o se riesci a farlo solo con fatica, il processo ha funzionato. Non lasciare mai più che l'immagine di innesco negativa annebbi la tua fiducia in te stesso. Adesso vai a verificare il tuo nuovo atteggiamento fuori, nel mondo reale.

L'INTUIZIONE

Potresti avere delle difficoltà nel manipolare quel "puntino luminoso". Se ciò accadesse, prova a scambiare ("Swishare") l'immagine che desideri al posto di quella che non vuoi, ossia l'immagine di innesco che hai creato nella Fase 1. Potresti trovare più facile creare quell'immagine mentale di "te meraviglioso" se trovi un modello adatto, ad esempio su un DVD, e lo guardi ripetutamente.

IL GENERATORE DI NUOVI COMPORTAMENTI

Dunque ora sei attivo, motivato e sicuro di te. Ma come vorresti che si manifestasse quella fiducia in te stesso? Come vuoi precisamente comportarti? Cosa vuoi effettivamente *fare*?

Puoi utilizzare il Generatore di Nuovi Comportamenti per tradurre quella sensazione di sicurezza di te in un intero contesto. Può essere una cosa rapida e semplice, oppure puoi farla dettagliata e lunga quanto vuoi. Puoi testare mosse alternative, e fare pratica di quella che preferisci fino a perfezionarla per poi installarla come comportamento permanente.

ADESSO TOCCA A TE

Fase 1: Identifica il nuovo comportamento che vorresti assumere. Poniamo ad esempio che tu voglia essere più espansivo e carismatico.

Fase 2: Sei il regista di un film di cui sei anche il protagonista. In qualità di regista, dai istruzioni a te stesso riguardo a come devi comportarti. Guardati mentre esibisci il nuovo comportamento. Nel tuo ruolo di regista, fai tutte le correzioni e i cambiamenti che ritieni necessari.

Fase 3: Una volta che sarai soddisfatto, entra nel filmato e sperimenta in prima persona com'è questo nuovo modo di comportarsi, vivendolo attraverso i tuoi occhi di protagonista. Non limitarti ovviamente solo a vedere: senti anche tutti i suoni e percepisci le sensazioni (in altre parole, sei ora passato dalla terza alla prima posizione, da dissociazione ad associazione. Se hai dimenticato le prospettive multiple, ritorna a vedere il Capitolo 2). Nota la reazione delle altre persone. È quello che vuoi essere? Verifica anche che questo nuovo comportamento sia veramente adatto a te.

Fase 4: Se non sei soddisfatto di tutto, ritorna al tuo ruolo di regista, applica le modifiche dovute e ripeti la Fase 3.

Fase 5: Utilizza il ricalco nel futuro. Visualizza una situazione nel futuro in cui vorrai comportarti in questo nuovo modo. Cerca un segnale da usare per innescare automaticamente il comportamento. Potrebbe essere la porta dell'ufficio del tuo capo, la tua partner che alza la voce o i tuoi figli che litigano. Immagina di vedere o di sentire il segnale di innesco e di adottare immediatamente il nuovo comportamento. Proietta il "film" tante volte quante e con la frequenza che serve, finché il nuovo comportamento ti sembrerà naturale.

Fase 6: Utilizza il nuovo comportamento in una situazione reale.

FARE UN FILMATO REALE

Non tutti riescono a visualizzare subito facilmente al punto di far funzionare il Generatore di Nuovi Comportamenti al livello desiderato. Se trovi difficoltà, puoi anche assumere per davvero i ruoli di regista e attore.

ADESSO TOCCA A TE

Fase 1: Procurati un film, ad esempio in DVD, in cui hai visto il tipo di comportamento che vorresti copiare. Trova uno spezzone in cui il tuo personaggio esibisce il comportamento e guardalo più volte.

Fase 2: Procurati una videocamera di un qualche tipo. Se sei disinibito puoi chiedere a qualcuno di filmarti, altrimenti mettila su un cavalletto (sarà molto di aiuto connetterla al televisore, che ti farà da monitor di regia). Se non puoi crearti un monitor, cerca di fare senza, per quello che puoi (in assenza di un monitor, potresti ad esempio scoprire dopo un primo tentativo di esserti inquadrato la testa a metà o di aver lasciato altre cose importanti fuori dall'inquadratura. Non ti preoccupare, esegui i dovuti aggiustamenti e riprova).

Fase 3: Interpreta il comportamento voluto e riprenditi.

Fase 4: Guarda le riprese.

Fase 5: Continua a filmarti e a guardare le riprese, per poi filmarti e guardare ancora, finché ritieni di aver ottenuto il risultato che vuoi. Se necessario, cerca ispirazione riguardando il filmato originale.

Fase 6: Prova il nuovo comportamento nella realtà.

COME ANCORARE UN COMPORTAMENTO

Poniamo che tu voglia reagire a certe situazioni in un determinato modo, ma non riscontri di farlo in modo costante e affidabile. Magari vuoi essere sicuro di te quando fai delle presentazioni, oppure paziente quando insegni cose ai tuoi figli, o risoluto quando incontri qualche opposizione. Il problema è che, nel mondo reale, è così facile diventare nervosi quando si deve presentare qualcosa di fronte a un pubblico, così facile diventare irritabili con i bambini, così facile cedere quando ci si trova davanti a una intensa opposizione.

Non sarebbe utile poter veramente programmare se stessi in maniera tale che la reazione desiderata sia *automatica*? In maniera tale che per quanti dubbi o emozioni negative tu abbia, riesci comunque a fare quello che devi, e a farlo con uno standard elevato di prestazione. Ebbene, puoi certamente aiutarti utilizzando la tecnica dell'"ancoraggio".

PICCOLO GLOSSARIO: ANCORAGGIO

In *Ipnosi e trasformazione,* Bandler e Grinder dicono che "l'**ancoraggio** si riferisce alla tendenza di un qualsiasi elemento di un'esperienza a rievocare l'intera esperienza". La PNL utilizza questo fenomeno del tutto naturale per creare stimoli che innescano artificialmente una determinata esperienza.

L'INTUIZIONE

Un'ancora è uno sviluppo del condizionamento stimolo-risposta descritto da Ivan Pavlov (1849-1936) nei suoi famosi lavori sui cani. Pavlov usava un diapason per chiamare i cani al momento di mangiare, e ben presto quelli cominciavano a salivare in risposta al suono del diapason. La maggior parte delle persone non è particolarmente sorpresa per la scoperta di Pavlov: è un fenomeno che ci si può aspettare. Cionondimeno, le sue ricerche hanno importanti implicazioni per quanto riguarda i processi di apprendimento, e in particolare la creazione di comportamenti automatici. L'ancoraggio è la versione sofisticata che la PNL ha sviluppato sulla base del condizionamento stimolo-risposta.

Cose di ogni genere possono fungere da ancora. Ad esempio, un certo brano musicale potrebbe sempre farti sentire romantico, perché lo hai sentito quando hai incontrato per la prima volta la persona che ami. L'odore del caffè potrebbe farti sentire caldo e desideroso di socialità perché lo associ all'atmosfera amichevole di un certo bar. E semplicemente vedere un comico che fa un certo gesto o ripete un tormentone potrebbe farti ridere, non perché la cosa sia divertente di per sé, ma perché è un'ancora che richiama le volte precedenti in cui il comico ti ha fatto ridere. È la sostanza alla base dei rituali: sono ancore volte a evocare determinate *emozioni*.

Ci sono anche stimoli di ogni genere in risposta ai quali abbiamo imparato a compiere certe *azioni* in modo automatico. Se hai mai fatto le prove per una recita, con ogni probabilità hai utilizzato ancore. Qualcuno ti dà un "segnale" e tu automaticamente reciti le battute giuste. Se stai guidando e vedi accendersi davanti a te le luci degli stop di una vettura, senza nemmeno pensarci porti il piede dall'acceleratore al pedale del freno. In questo esempio, le luci degli stop sono lo stimolo di innesco (l'ancora) e l'azione di frenare è la risposta programmata (nota però che l'ancora non ti *costringe* a frenare: ti rimane la libertà di compiere un'azione diversa se ritieni che la situazione lo richieda).

L'INTUIZIONE

Ripensa alle cose che fai prima di affrontare quelle situazioni che richiedono impegno. Ci sono forse piccoli rituali che compi e che non comportano un diretto beneficio pratico, ma che ti fanno sentire nel modo "giusto"? Si tratta di "ancore". Compilane una lista. Dopodiché, utilizzando la tecnica illustrata a seguire, puoi imparare ad amplificarle.

SCEGLIERE LE ANCORE

Gli ipnoterapeuti abili possono utilizzare come ancore stimoli disparati e con scarsa attinenza alla risposta desiderata, ma quando usi questa tecnica su te stesso funzionerà meglio se l'ancora è quanto più logica e naturale possibile.

Idealmente, un'ancora dovrebbe soddisfare i seguenti requisiti:

- *dovrebbe avere un significato adatto o una connessione intrinseca con l'emozione, la convinzione, o l'azione desiderata (nel caso dell'"ancora delle luci degli stop", sappiamo che si presenta solo quando il guidatore di fronte preme il pedale dei freni e rallenta).*
- *devi* volere *rispondere all'ancora (altrimenti entreresti in collisione con la vettura davanti).*
- *dovrebbe essere facile da attivare, ma non accidentalmente (chiunque può premere un pedale dei freni, ma difficilmente lo si preme quando si vuole accelerare).*
- *devi essere pienamente capace di rispondere all'ancora (ancora una volta, chiunque è capace di premere un pedale).*
- *dovrebbe combinare due o preferibilmente tre dei sensi (l'ancora della luce degli stop non soddisfa questo criterio: l'aggiunta di un segnale sonoro sarebbe un miglioramento).*

ADESSO TOCCA A TE

Nell'esempio che segue ancoreremo una sensazione di pazienza. Puoi però adattare questa procedura a qualsiasi cosa desideri.

Fase 1: Scegli le tue ancore. Per la pazienza, suggerisco ad esempio di accarezzarti il mento, che è ottimale in quanto utilizza tre sensi:

- *è un'ancora visiva: vedi la tua mano che sale verso il mento e che vi si muove davanti*

- *è un'ancora auditiva: senti il suono delle tue dita sulla pelle della tua faccia; con le labbra nascoste dalla mano potresti anche sussurrare la parola "pazienza"*
- *è un'ancora cinestesica: la sensazione delle tue dita sulla pelle del viso*

Fase 2: Pensa a un'occasione in cui ti sei sentito veramente sereno, calmo, imperturbabile e soprattutto paziente. Ricorda la presupposizione della PNL secondo cui abbiamo già dentro di noi tutte le risorse di cui abbiamo bisogno. Se tuttavia proprio non riesci a ricordare una circostanza di questo tipo, immagina la sensazione oppure richiama alla mente un filmato in cui qualcuno che ammiri ha dato dimostrazione di suprema pazienza.

Fase 3: Goditi quella sensazione di pazienza: vedi, senti, tocca, gusta e odora tutto quello che riguarda la pazienza. Fai girare la sensazione come descritto nel Capitolo 1.

Fase 4: Appena *prima* che la sensazione di pazienza raggiunga il picco, stabilisci la tua ancora accarezzandoti gentilmente il mento e sussurrando la parola "pazienza". Ripeti il processo diverse volte.

Fase 5: Fai il ricalco nel futuro, visualizzando una scena che richiede pazienza, e guardati reagire dimostrando pazienza.

Fase 6: Appena possibile, cerca di proposito di metterti in una situazione che metterà un po' alla prova la tua pazienza. Attiva la tua ancora. Nei giorni successivi, continua a fare esperienza di situazioni irritanti e ad attivare la tua ancora. Prima che l'ancora diventi permanente e automatica dovrai affrontare con successo forse una decina di situazioni.

L'INTUIZIONE

Stabilire un'ancora è quasi un'arte.
Come ho sottolineato nella Fase 4, devi farlo appena *prima* che l'emozione con cui stai lavorando raggiunga il picco di intensità. In quel modo, l'ancora sarà associata a un'emozione forte e crescente. Se stabilisci l'ancora *dopo* il picco emotivo, essa sarà associata ad una sensazione in declino, il che non è assolutamente il risultato desiderato.
L'ancora deve anche essere pura. In altre parole, se dovessi sentirti scettico mentre provi questa procedura, ancorerai pazienza contaminata da scetticismo: ancora una volta, non è il risultato desiderato.

AUMENTARE LA POTENZA DELLE ANCORE

Più utilizzi un'ancora, più potente diventa. Abbiamo tutti presente come negli sport gli atleti sollevino i pugni in aria o facciano una piccola danza quando fanno punto. Quello che stanno facendo è "accumulare" un'ancora. Ogni volta che eseguono il rituale aggiungono il potere di quella nuova vittoria a tutte le vittorie precedenti. Questo, a sua volta, crea l'impressione psicologica di una spinta di successo inarrestabile.
Puoi utilizzare questa tecnica per ogni sorta di cose. La chiave è che devi veramente dotare la tua ancora di energia. Devi provare quella sensazione di trionfo (o qualsiasi cosa tu abbia scelto) al massimo, e devi concentrarla nel tuo rituale, un po' come una lente di ingrandimento concentra i raggi del sole in un determinato punto. Quando devi "darti la carica", esegui il rituale e inondati delle sensazioni che hai ancorato.

RISCRIVERE IL TUO FUTURO

Finora abbiamo lavorato su questioni piuttosto a breve termine: come vorresti sentirti quando ti alzi; motivarti a intraprendere qualcosa; generare la fiducia in te stesso necessaria per farla. Ma hai bisogno anche di una strategia per il futuro. Come ti vedi, ad esempio, tra un anno? Tra cinque anni? Tra dieci anni? E come ci arriverai?

A questo punto avrai cominciato a renderti conto che la PNL ha gli strumenti per aiutarti a costruire il futuro che desideri. Proviamo a stabilire ora una rotta per raggiungere uno dei tuoi obiettivi. Ovviamente deve essere qualcosa di effettivamente raggiungibile. Deve essere qualcosa su cui hai il controllo (perché puoi influenzare anche le altre persone, ma non *le* puoi controllare). E deve essere qualcosa che non abbia un effetto negativo su di te o sulle persone che ti circondano: fai un controllo ecologico, come descritto nel Capitolo 1.

Voglio che tu, proprio adesso, dica il tuo obiettivo ad alta voce, ma espresso in un determinato modo. Ricorda, come abbiamo visto nel capitolo precedente:

Gli obiettivi devono essere formulati in termini positivi.

Se hai mai ascoltato i discorsi alla cerimonia degli Oscar, hai probabilmente sentito gli attori dire di come hanno sognato di vincere e di come hanno provato più e più volte negli anni il loro discorso di ringraziamento. Questa prossima tecnica impiega un processo simile, ma lo porta a un livello più elevato.

ADESSO TOCCA A TE

Questo metodo è un po' come ricostruire il funzionamento di una macchina al contrario, smontandola. È una cosa che fanno spesso le aziende per battere la concorrenza: comprano un prodotto dell'azienda concorrente e poi lo smontano per vedere come è stato fatto. In modo simile, se vuoi ricostruire il modo in cui far realizzare un obiettivo, è una buona idea lavorare all'indietro a partire dall'obiettivo già raggiunto, anziché farlo in avanti verso di esso a partire da dove sei ora.

Fase 1: Immagina la scena del tuo futuro successo con il massimo grado di dettaglio possibile, notando i colori, i suoni, gli odori e via dicendo.

Fase 2: Mettiti in quella scena e guardati mentre raggiungi il tuo obiettivo. Guarda e ascolta, come se fossi al cinema.

Fase 3: Nel tuo ruolo di regista, migliora l'impatto del filmato in quanti più modi possibile. Magari potresti utilizzare più primi piani. Diversi angoli di ripresa. Sequenze al rallentatore. Fermo immagine. Musiche e colonne sonore per dare enfasi. Una voce fuori campo che commenta e dice che cosa grandiosa tu sia riuscito a realizzare. Goditi veramente a fondo il tutto: vedilo, sentilo, toccalo, gustalo, odoralo. Per te è reale.

Fase 4: Guarda indietro a partire dalla scena del tuo trionfo, rivolgendoti verso dove sei oggi. Vedi la strada che ti ha portato al tuo obiettivo.

Fase 5: Cammina lentamente lungo il bordo di quella strada, e identifica i vari passi che ti hanno portato al tuo obiettivo. Non avere fretta. Ci possono essere stati fattori di ogni tipo, che dovrai identificare. Chiediti quali caratteristiche personali hanno avuto peso nel raggiungimento dell'obiettivo. Quali azioni hai compiuto? Quali altre persone sono state coinvolte? In che relazione siete stati? Mentre lo fai, prendi nota di tutti i passi nella sequenza.

Fase 6: Una volta tornato nel presente, consulta la tua lista e comincia a metterla in atto.

L'INTUIZIONE

Trovo sia molto importante procurarsi un diario e segnarvi delle date-obiettivo. Altrimenti è troppo facile lasciare che le cose ci sfuggano di mano. Ad esempio, diciamo che nella tua visualizzazione hai raggiunto il tuo obiettivo entro Natale, e oggi è il primo di marzo. E diciamo che percorrendo all'indietro la strada nella visualizzazione tu abbia identificato dieci tappe diverse. Segna allora sul tuo diario che ogni tappa deve essere completata per la fine di ognuno dei mesi, e che l'intero processo deve essere completo entro il 25 dicembre. Ancora meglio, usa un cartellone da fissare al muro, in modo da poter vedere tutto il processo con un solo colpo d'occhio.

AUTOIPNOSI PER LA SICUREZZA DI SÉ

Il metodo di autoipnosi di Betty Erickson può essere usato anche per aiutarti a vedere le cose in modo più positivo. Se hai dimenticato come fare per autoindurti la trance, torna al Capitolo 1. Quando affermi lo scopo della seduta autoipnotica (Fase 3), pronuncia qualcosa come: "Sto entrando in una trance al fine di permettere alla mia mente inconscia di compiere gli aggiustamenti che mi permetteranno di sentirmi più sicuro di me (o qualsiasi altra cosa desideri)". Quando arrivi alla visualizzazione (Fasi 5f e 5g), immagina una scena in cui ti comporti e senti nel modo desiderato.

10 COSE DA RICORDARE

1. *È quello che programmi in te stesso quando ti addormenti a determinare come ti sentirai quando ti svegli.*
2. *Per qualsiasi situazione, è di aiuto sapere se sei il tipo di persona prevalentemente motivata in modo "via da" le cose, oppure se sei per lo più motivato ad andare "verso" di esse.*
3. *Puoi "prendere in prestito" la motivazione da altri contesti utilizzando lo Swish.*
4. *I bambini piccoli non hanno paura del fallimento, quindi sii "infantile".*
5. *Il Cerchio della Fiducia in Se Stessi e lo Swish sono entrambe tecniche che puoi utilizzare per aumentare la sicurezza di te.*
6. *Il Generatore di Nuovi Comportamenti è un modo per installare nuovi comportamenti assumendo il ruolo di protagonista e regista di un film immaginario.*
7. *È possibile ancorare un comportamento desiderato, in modo che si inneschi automaticamente.*
8. *Più usi un'ancora, più potente diventa.*
9. *Puoi ricostruire al contrario qualsiasi obiettivo per capire come raggiungerlo.*
10. *Puoi utilizzare il metodo autoipnotico di Betty Erickson per aumentare la sicurezza di te.*

COME ME LA STO CAVANDO?

- *Hai provato a programmarti prima di dormire?*
- *Se sì, ci sei riuscito?*
- *Sei riuscito a comprendere se ti motivi prevalentemente in modo "via da" o in modo "verso"?*
- *Sei riuscito a utilizzare lo Swish per trasferire la motivazione che hai per una cosa che ami fare a una che odi fare?*
- *Sei riuscito ad aumentare la tua sicurezza utilizzando la tecnica del Cerchio della Fiducia in Se Stessi, quella dello Swish, o entrambe?*
- *Sei stato protagonista e regista di un tuo "film" mentale, e hai installato di conseguenza un nuovo comportamento?*
- *Sei riuscito a creare un'ancora?*
- *Hai utilizzato con successo quell'ancora per innescare un comportamento automatico?*
- *Hai ricostruito al contrario il conseguimento di una tua ambizione?*
- *Hai utilizzato il metodo di Betty Erickson per renderti più sicuro di te con l'autoipnosi?*

Se hai risposto "No" a quattro o più domande, vai a rileggere le parti relative del capitolo e prova ancora le tecniche. Più fai pratica di queste visualizzazioni, più diventi bravo... e più potenti saranno gli effetti.

CAPITOLO

6

Trasforma la tua salute

In questo capitolo imparerai:

- **come puoi aiutarti a guarire**
- **come puoi liberarti di cattive abitudini e acquisirne di sane**
- **come evitare lo stress nocivo e imparare a rilassarti**
- **come imparare a controllare il dolore**

La mente e il corpo sono parti del medesimo sistema
Presupposizione di PNL

Nei primi anni della PNL, Bandler e Grinder studiarono i dati sul placebo e conclusero che esso si dimostra efficace come minimo nel 20% dei casi. I due scherzavano sull'idea di vendere confezioni di "Placebo", che non avrebbe avuto bisogno della normale approvazione come farmaco, visto che le pillole sarebbero state del tutto inerti. Poi avrebbero lanciato "Placebo Plus – adesso con ancora più principi inattivi!".

La PNL non è certo la sola a vedere la mente e il corpo come parti di un medesimo sistema. Chiamiamolo il "mentecorpo". I nostri corpi influenzano il modo in cui pensiamo, e il modo in cui pensiamo influenza i nostri corpi. Dato che la PNL riguarda il modo in cui pensiamo, in particolare a livello inconscio, dovrebbe rivelarsi molto efficace anche per migliorare la nostra salute in tutta una serie di modi.

L'effetto placebo è conosciuto da migliaia di anni. Questo non significa, ovviamente, che una malattia sia "tutta nella mente". Significa che *la cura* per la malattia può essere nella mente. E questo è perfettamente logico. Dopotutto, il progetto del nostro corpo, il nostro DNA, è contenuto in ogni singola cellula. In teoria dovremmo essere capaci non solo di riparare qualsiasi danno, ma anche di ricreare qualsiasi parte del corpo a partire da quel progetto.

A ben guardare, comunque, il mentecorpo non fa un cattivo lavoro. Non siamo in grado di far ricrescere gli arti, ma la medicina stima che circa l'80% dei problemi di salute migliorano per contro proprio. O quantomeno lo farebbero se glielo lasciassimo fare.

E allora perché non è il 100% delle volte? L'effetto placebo suggerisce che è possibile incoraggiare con successo il mentecorpo a fare quello che può fare. È possibile dirgli di mettercela tutta: "Guarda, l'80% è ok, ma se facessi uno sforzo potresti arrivare al 90%".

Ma la mente può veramente aumentare la naturale capacità di guarigione del corpo?

L'EFFETTO PLACEBO

Nel 1955, H.K. Beecher analizzò in *The Powerful Placebo* gli studi clinici per quindici diversi trattamenti, e concluse che il 35% dei pazienti guariva comunque grazie al solo effetto placebo. Mentre le case farmaceutiche si arrovellavano per difendersi, altri ricercatori in seguito si dimostrarono ancora più entusiasti, stimando l'efficacia del placebo attorno al 50-60% per certe patologie. L'effetto placebo divenne conoscenza comune e cosa ampiamente accettata da tutti.

Questo finché alcuni meticolosi ricercatori cominciarono a rivedere i dati degli studi originali. E rimasero colpiti da un grande buco presente in questi dati. Quando si confrontavano certi trattamenti medici con il placebo, essi risultavano non essere più efficaci di quest'ultimo: ma in molti casi nessuno aveva pensato di procedere a partire da un confronto tra il placebo stesso e qualsiasi altro trattamento. Nel maggio del 2001, i ricercatori danesi Asbjørn Hrobjartsson e Peter C. Gøtzsche conclusero, in uno studio pubblicato sul "New England Journal of Medicine", che molte delle ricerche sul placebo erano fallaci, poiché gli scienziati avevano confrontato il placebo con il trattamento medico, *ma non con l'assenza di trattamento*. In altre parole, certi farmaci e interventi chirurgici potevano essersi dimostrati non più efficaci del placebo, ma non c'era prova che il placebo fosse meglio della totale assenza di intervento.

Dove siamo dunque a questo punto?

Secondo l'opinione generale più diffusa, l'effetto placebo, sebbene possa non essere comune e potente quanto molti pensavano, è ciononondimeno un fenomeno reale ed effettivo. Ogni medico o infermiera è depositario di racconti di pazienti che si sono ripresi contro ogni aspettativa grazie ai propri atteggiamenti mentali positivi. E le prove sono ben più che aneddotiche. Tra gli studi scientifici ampiamente accettati ve n'è uno in cui i medici hanno eliminato con successo le verruche semplicemente dipingendole con un colorante del tutto inerte e dicendo ai pazienti che le verruche sarebbero scomparse con la scomparsa del colore. In un altro studio comprovato, i ricercatori hanno registrato che gli asmatici erano in grado di dilatare le proprie vie respiratorie se veniva detto loro che il placebo somministrato era un broncodilatatore. E numerosi esperimenti hanno provato che il placebo è efficace nel ridurre la percezione del dolore.

L'effetto placebo è dunque reale, anche se potrebbe non essere significativo quanto si supponeva. È causato da qualsiasi cosa che, per quanto biochimicamente inerte, in qualche modo aumenta il potere delle naturali difese del corpo. Potrebbe essere una pillola vuota, o un imponente macchinario privo di qualsiasi funzione, può essere un incantesimo misterioso... oppure la PNL.

GUARIRE CON LA PNL

Richard Bandler racconta che, quando ebbe un colpo apoplettico, un dottore all'ospedale in pronto soccorso gli disse: "Non importa cosa ti dicono, non importa chi te lo dice, puoi riprenderti completamente, te lo garantisco".

Alcuni giorni dopo, un altro dottore gli disse che sarebbe rimasto paralizzato per il resto dei suoi giorni. Ma Bandler scelse invece di pensare a quello che gli aveva detto il dottore al pronto soccorso: "Mi impegnai con ogni fibra del mio essere", scrive Richard, "per riuscire a muovere prima le dita dei piedi, poi i piedi, e poi le ginocchia...".

Non pensò a quello che *non poteva* fare: questo avrebbe creato un senso di fallimento. Si concentrò invece su cosa stava riuscendo a fare. Muovere anche solo un dito del piede era un successo, e divenne la base per muoverne due, poi tre, e così via.

ADESSO TOCCA A TE

Fase 1: Gestisci qualsiasi prognosi negativa attribuendo a chi te la fornisce una voce di cui diffidi (se non ricordi come farlo, torna al Capitolo 4: è la stessa procedura usata per gestire una voce interiore negativa). Una volta che ti sarai liberato di quella negatività, non pensare mai più a quelle previsioni.

Fase 2: Prometti a te stesso che *ti riprenderai e guarirai* completamente. Pensa a tutte le situazioni difficili che hai superato in passato. Prendi questa determinazione e falla girare amplificandola (come descritto nel Capitolo 1).

Fase 3: Visualizzati mentre migliori sempre più.

Fase 4: Visualizza un momento nel futuro in cui *sei* completamente guarito. Goditi l'esperienza a fondo: vedi, senti, percepisci, gusta e odora l'esperienza di essere completamente ripreso e guarito. Adatta le submodalità in maniera da rendere l'esperienza della completa guarigione più vivida possibile.

Fase 5: Ripeti le Fasi 2-4 più volte al giorno finché *starai effettivamente* meglio.

L'INTUIZIONE

Ogni viaggio, come si dice, comincia con un piccolo passo, e una delle chiavi sta nel concentrarsi su quei piccoli miglioramenti. Non lasciarti impressionare dall'immensità del compito che ti attende. Semplicemente, concentrati su cosa devi fare ora, e fallo meglio che puoi. Poi concentrati sul passo successivo. E via così. Non fare paragoni con le cose che altre persone riescono a fare. Confrontati solo con te stesso come eri ieri, e la settimana prima, e il mese prima ancora, in modo da celebrare i progressi che stai compiendo (processo conosciuto in PNL come comparazione sé-sé). Ma tieni sempre davanti a te la visualizzazione di quell'obiettivo finale (Fase 4), in maniera che il tuo inconscio sappia a cosa stai mirando.

Quando hai problemi di minore entità, una semplice visualizzazione prima del sonno notturno può essere di aiuto. Il momento di coricarsi è ottimo per questo, in quanto ti dà accesso al tuo inconscio proprio quando il mentecorpo è più capace di ripararsi. Poniamo ad esempio che tu ti sia fatto male al tendine di Achille.

ADESSO TOCCA A TE

Fase 1: Mettiti a letto ben rilassato e comincia a scivolare nelle braccia del sonno.

Fase 2: Concentrati su un'immagine di salute e identifica le submodalità. Splende il sole, ad esempio? La tua pelle è luccicante? C'è una particolare sensazione nel tuo corpo? Senti qualcosa?

Fase 3: Stabilisci un obiettivo a cui far mirare il mentecorpo, visualizzando te stesso completamente in salute. Attiva e amplifica tutte le submodalità associate alla salute. Vedi come la parte del tuo corpo associata al problema corrente (in questo caso il tendine di Achille) è interamente guarita e sana.

Fase 4: Visualizzati mentre dici qualcosa come: "Sto bene. Il mio tendine di Achille (o qualsiasi altra parte del corpo sia coinvolta) è completamente sano". Puoi continuare a descrivere quanto sia meraviglioso, forte, elastico e controllato (o qualsiasi altra cosa).

Fase 5: Continua così fino ad addormentarti.

MOTIVARTI A UNA VITA SANA

Alcune persone amano vivere una vita sana, altre lo trovano piuttosto difficile. Se ti serve motivazione a vivere in modo più sano, una soluzione offerta dalla PNL è quella dello Swish. L'idea è quella di farti sentire bene all'idea di vivere una vita sana, e al tempo stesso di farti provare sensazioni spiacevoli riguardo al non vivere in modo salutare.

ADESSO TOCCA A TE

L'esempio seguente spiega come puoi motivarti a fare regolarmente esercizio fisico, ma potresti allo stesso modo adattare la tecnica a molti altri aspetti del vivere sano.

Fase 1: Pensa a come sarai se non fai esercizio fisico. Immagina di diventare più grasso, più rigido, con il fiato più corto, con meno energie e precocemente vecchio. Concentrati su questo per qualche tempo. Amplifica le submodalità in modo da percepire veramente tutti questi problemi.

Fase 2: Pensa a qualcosa che ti piace fare *regolarmente*. Potrebbe essere qualsiasi cosa, ma per promuovere l'attività fisica funzionerà meglio se si tratta di un'altra attività che riguarda il corpo, come ad esempio fare la doccia. Goditi veramente a fondo le piacevoli sensazioni fisiche dell'acqua calda che ti scorre su tutto il corpo. Cerca di identificare le submodalità associate alla regolarità di quel piacere. Perché è una cosa che fai automaticamente? Una volta che avrai quelle submodalità, amplificale al massimo.

Fase 3: Genera un'immagine di te stesso mentre pratichi la forma prescelta di esercizio fisico e immediatamente fai uno Swish e portala nella posizione occupata dall'immagine creata nella Fase 2. Le submodalità associate con il fare regolarmente la doccia dovrebbero ora associarsi all'idea del regolare esercizio fisico. Goditi questa immagine a fondo, e percepisci il piacere fisico che comporta.

Fase 4: Ripeti lo Swish diverse volte, fino a sentirti veramente positivo riguardo all'esercizio fisico come parte normale della tua routine quotidiana.

Fase 5: Fai un ricalco nel futuro. Visualizzati in un momento dell'avvenire in cui hai appena finito di fare il tuo regolare esercizio fisico e ti senti meravigliosamente, hai un aspetto sano, in forma, giovane e più carismatico.

Fase 6: Comincia il tuo programma di esercizio fisico. Ripeti l'esercizio motivazionale se necessario.

L'INTUIZIONE

Per aiutarti a mantenere quell'immagine positiva per fare moto, sfoglia una rivista fino a trovare un'immagine del corpo che vorresti avere e potresti realisticamente ottenere. Appendila in bella vista da qualche parte.

SMETTERE NON È DIFFICILE

Vivere in modo salutare significa fare certe cose. Significa anche smettere di farne certe altre, come fumare, mangiare troppo o bere molto alcol.

Ecco come puoi motivarti a *non* fare qualcosa.

ADESSO TOCCA A TE

Fase 1: Pensa a cinque occasioni in cui la tua abitudine o dipendenza ti ha fatto preoccupare per la tua salute o ti ha fatto provare disgusto per il tuo comportamento. Se il problema è l'alcol, ad esempio, potresti ricordare di come hai sprecato grosse somme, detto cose di cui poi ti sei pentito, vomitato, avuto postumi terribili, o faticato a fare bene il tuo lavoro. Se il problema è fumare, potresti visualizzare il fumo che ti scende nei polmoni lasciandosi dietro una patina di polveri cancerogene, i tuoi denti che vengono estratti perché il fumo ti ha causato problemi alle gengive, tu che vieni rifiutato da una persona che ti attraeva e che ha trovato disgustoso il tuo alito e via dicendo. Fai esperienza a fondo di quelle immagini. Mettiti veramente a vedere, sentire, udire, percepire, gustare e odorare tutto.

Fase 2: Componi un filmato della tua abitudine o dipendenza facendo scorrere le cinque scene nella tua mente, una dopo l'altra.

Fase 3: Continua a farle scorrere sempre più velocemente, fino a sentire che vuoi davvero porre fine per sempre a questo comportamento.

Una volta sviluppata la motivazione, il passo successivo è la convinzione di potere effettivamente smettere. La vecchia battuta è che "Smettere è facile: l'ho fatto una decina di volte". Il problema nella vita reale è che, se hai cercato di farlo svariate volte e hai fallito, potresti aver perso fiducia nella tua capacità di farcela. Le prossime due visualizzazioni sono mirate a potenziare la tua fiducia nelle tue capacità.

ADESSO TOCCA A TE

Fase 1: Pensa a qualcosa che sei orgoglioso di non fare o di non essere, ad esempio di non fare uso di droghe o di non essere un violento. Pensa a quanto è positivo "non" essere e "non" fare quella cosa. Goditi a fondo la cosa e goditi il rispetto che provi per te stesso nel "non" essere e "non" fare quella cosa.

Fase 2: Ora visualizzati come non fumatore (o non-qualsiasi altra cosa) e associa immediatamente a quell'immagine le stesse sensazioni di orgoglio e rispetto di te che hai generato nella Fase 1.

Fase 3: Ripeti finché cominci veramente a pensare a te stesso come non fumatore (o non-qualsiasi altra cosa).

ADESSO TOCCA A TE

Fase 1: Pensa a una occasione in cui hai provato un desiderio davvero intenso di cedere a una tentazione, ma sei riuscito comunque a resistere. Questa è l'immagine 1.

Fase 2: Ora visualizza una scena in cui ti stanno offrendo una sigaretta (o qualsiasi altra cosa tu abbia scelto) e fai rapidamente uno Swish attribuendole le submodalità dell'immagine 1. Guardati mentre rifiuti ciò che ti viene offerto, proprio come avevi fatto nell'immagine 1.

Fase 3: Ripeti finché senti una forte convinzione del fatto che potresti resistere alla tua abitudine o dipendenza.

RIDIRIGERE UN DESIDERIO IRREFRENABILE

Un desiderio irrefrenabile può essere una cosa molto potente, che a volte può essere meglio non combattere forza contro forza. Puoi invece fare come un praticante di judo e rivolgere contro se stessa l'energia del desiderio irrefrenabile. O meglio ancora, puoi incanalarla verso qualcos'altro che è invece positivo per te.

ADESSO TOCCA A TE

Fase 1: Pensa a qualcosa che fa da stimolo di innesco per il tuo desiderio irrefrenabile.

Fase 2: Comincia a far girare un filmato mentale a partire da quel punto di innesco, e quasi immediatamente satura l'immagine fino a farla diventare del tutto vuota, come quando un televisore o uno schermo cinematografico cessano di riprodurre un segnale.

Fase 3: Sostituisci l'immagine con un'altra in cui sei libero dal desiderio irrefrenabile e felice di esserlo.

L'INTUIZIONE

L'idea di questa procedura è che il tuo desiderio irrefrenabile dovrebbe essere distaccato dal suo normale oggetto (sigarette, alcol o qualsiasi altra cosa) e riassociato allo stato di libertà. In altre parole, non senti più il desiderio della cosa da cui eri dipendente, ma lo provi invece per il fatto di esserne libero. Un'altra opzione è quella di visualizzare un comportamento alternativo e desiderabile a cui associare il tuo desiderio irrefrenabile. Ad esempio, potresti fare in modo di desiderare in maniera irrefrenabile di andare a correre o a nuotare.

MODELLARE PER LA SALUTE

Se trovi difficile credere che la vita valga la pena di essere vissuta senza grandi quantità di alcol, cioccolata o grassi, o se trovi difficile credere che l'esercizio fisico possa essere divertente, potrebbe essere una buona idea modellare qualcuno che ha uno stile di vita sano. Se sei cresciuto in una famiglia con abitudini poco sane, questo per te potrebbe essere la norma. Devi sostituire quel concetto con un nuovo modello.

Conosci qualcuno che ha uno stile di vita particolarmente sano? Deve essere qualcuno che ammiri, altrimenti finirai solo per confermare i tuoi pregiudizi sul vivere sano (ad esempio, l'idea che i salutisti siano noiosi).

Come al solito quando si tratta di modellare, cerca di assorbire il modo di essere della persona, senza porre inizialmente troppe domande. Ecco alcune delle cose a cui potresti prestare attenzione:

- *quante ore dorme la persona*
- *quanto esercizio fisico fa*
- *quanta frutta e verdura mangia*
- *quanto alcol beve*
- *con quale frequenza diventa stressata o irritata*

In questo esempio lo scopo del modellamento non è di fare in modo che tu scopra nuovi modi per raggiungere la salute ottimale (migliaia di ricercatori se ne stanno già occupando), ma di permetterti di fare esperienza del fatto che ci sono persone che fanno una vita salutare *e sono felici*.

RIMANERE IN SALUTE

Certe persone sembrano ammalarsi molto più spesso di altre. Quando gira un virus lo contraggono sempre, e in un anno fanno più giorni di malattia degli altri. Perché? Ovviamente ci possono essere ragioni di ogni tipo. L'avere un atteggiamento mentale positivo o negativo è sicuramente un fattore. Questa variante adattata del Cerchio della Fiducia in Se Stessi può aiutarti a rimanere in salute quando gli altri attorno a te si ammalano. Lo chiamo il Cerchio della Salute.

Fase 1: Cerca tra i tuoi ricordi un momento nel passato in cui ti sei sentito particolarmente pieno di salute. Rivivi quella sensazione; in particolare nota come splende la tua pelle, come ti brillano gli occhi e l'energia che emani.

Fase 2: Immagina un cerchio sul pavimento. Prendi la salute di cui hai fatto esperienza nella Fase 1 e riversala nel cerchio. Immediatamente il cerchio assume un colore: il colore che, per te, è il colore della salute. Emette anche un suono: magari è un brusio, oppure una musica; si tratta ancora una volta di ciò che per te rappresenta al meglio la salute.

Fase 3: Ci sono altre qualità che pensi contribuiranno alla salute? Magari l'ottimismo? La serenità? Se sì, ripeti la procedura riversando nel tuo cerchio anche queste cose.

Fase 4: Entra nel cerchio e visualizza tutte quelle qualità emanate dal cerchio sul pavimento, che ti permeano e ti avvolgono. Quando ti muovi, anche quel bozzolo di salute si muoverà con te, seguendoti e proteggendoti da qualsiasi cosa minacci il tuo benessere.

Fase 5: Ricalco nel futuro. Immagina un momento nel futuro in cui sei ancora nel tuo Cerchio della Salute: a ottanta, novanta o anche a cent'anni. Guardati irradiare ancora salute, la pelle ancora lucida, gli occhi ancora brillanti, i movimenti ancora agili e vitali.

GESTIRE E AFFRONTARE LO STRESS

Lo stress può essere sia positivo sia negativo per la salute. Ipotizziamo che due persone stiano affrontando la medesima sfida: una è eccitata all'idea e prova eustress, stress positivo; l'altra è ansiosa e spaventata, e prova solo stress negativo. Una stessa situazione, due reazioni diverse. E alla lunga, due diversi effetti per la salute. L'eustress fa bene, mentre lo stress negativo è molto, molto nocivo per il corpo.

Queste sono alcune delle cose che succedono quando soffri di stress negativo:

- *le ghiandole surrenali producono e immettono in circolazione adrenalina e noradrenalina*
- *nel sangue vengono immessi cortisolo e altri ormoni legati allo stress*
- *aumenta la pressione sanguigna*
- *aumenta il battito cardiaco*
- *zuccheri e grassi rimangono più a lungo nel sangue, o vi vengono immessi*

Questo è tutto in preparazione al fenomeno conosciuto come risposta di "attacco o fuga". Nella vita moderna normalmente non facciamo né l'una né l'altra cosa, e quindi non bruciamo gli zuccheri e i grassi che servirebbero per farlo. Il risultato sul lungo periodo è una serie di disturbi, dal reflusso esofageo, i mal di testa e le allergie, fino al diabete, le patologie cardiache e il cancro.

Esistono vari modi per provare eustress anziché stress negativo. Ad esempio, nel caso di una sfida di carattere fisico, più ci si allena duramente più sarà facile affrontarla. Ma c'è sempre anche un aspetto mentale: ed è qui che entra in gioco la PNL.

ANCORARE PER IL RILASSAMENTO

Nel Capitolo 5 hai imparato come usare lo Swish per essere sicuro di te. Quando ti senti sicuro di te provi automaticamente meno stress: è quindi uno strumento utile anche in questo senso. Nello stesso capitolo hai anche imparato ad ancorare. Se hai scordato come si fa, torna indietro e rileggi la sezione sull'ancoraggio, perché ora aggiungeremo al tuo arsenale di tecniche un metodo per ancorare il rilassamento (potresti peraltro trovarlo efficace anche per ottenere sollievo in caso di mal di testa). Tieni a mente che essere rilassati non è la stessa cosa che essere inattivi. Anche da rilassato puoi agire per affrontare la situazione, facendolo però senza sentirti sotto pressione negativa.

ADESSO TOCCA A TE

Fase 1: Ricorda un momento in cui ti sei sentito *eccezionalmente* rilassato. Fai piena esperienza di quel senso di rilassamento: percepisci, vedi, odi, odora e gusta gli elementi che ti hanno fatto sentire così. Identifica le submodalità per il rilassamento.

Fase 2: Crea un'interruzione di stato, ad esempio recitando al contrario il tuo numero di telefono.

Fase 3: Scegli tre diversi tipi di ancore. Un'ancora cinestesica comoda potrebbe essere quella di accarezzarti i lati della faccia tra indice e pollice. Un'ancora auditiva potrebbe essere semplicemente quella di sussurrare "rilassati", oppure ricordare un brano musicale particolarmente tranquillizzante (o entrambe le cose insieme). Un'ancora visiva potrebbe essere quella di ricordare la scena della Fase 1.

Fase 4: Esperisci di nuovo il rilassamento che hai creato nella Fase 1. Prendi le submodalità per il rilassamento e modificale finché ti avvicini al livello ottimale ma un attimo prima di raggiungerlo, stabilisci e attiva le tue tre ancore.

Fase 5: Crea una interruzione di stato, ad esempio recitando il tuo numero di telefono al contrario.

Fase 6: Ripeti la Fase 4 diverse volte. In ciascuna occasione, cerca di migliorare il tutto in maniera tale da sentirti sempre più rilassato e da migliorare sempre più la tua abilità nello stabilire ancore.

Fase 7: Attiva le tue ancore. Se hanno l'effetto di farti sentire rilassato, la procedura è andata a buon fine.

Fase 8: Fai un ricalco nel futuro. Pensa a situazioni future potenzialmente stressanti e in cui ti piacerebbe sentirti più a tuo agio. Mentre lo fai, attiva le ancore. Questo ti preparerà in modo tale che quando quelle situazioni effettivamente si verificheranno sarai già programmato a rilassarti.

Fase 9: Vivi la vita, e ogni volta che ti imbatti in reali situazioni stressanti, attiva le ancore. Più spesso ripeti la procedura e utilizzi le ancore, più potente sarà l'effetto.

L'INTUIZIONE

Può essere difficile far *diminuire* la tensione mentre pensi ad *amplificare* le submodalità; queste due idee paiono in conflitto. Per questo, nella Fase 4 ho scritto "modifica" le submodalità invece di "amplifica", e ho parlato di livello "ottimale" anziché di "picco".

AUTOIPNOSI PER ALLEVIARE LO STRESS

Ormai il metodo autoipnotico di Betty Erickson ti è familiare. Se hai bisogno di rivedere i dettagli, torna al Capitolo 1. Quando affermi lo scopo della seduta autoipnotica (Fase 3) pronuncia qualcosa come "Sto entrando in una trance al fine di permettere alla mia mente inconscia di fornirmi un lasso di tempo in cui mi sentirò totalmente rilassato". Quando arrivi alla visualizzazione (Fasi 5f e 5g), immagina la scena più felice, bella e riposante che tu riesca a evocare. Ad esempio, potrebbe essere il galleggiare in un lago azzurro di acqua tiepida durante una calma giornata estiva.

CONTROLLARE IL DOLORE

Ci sono varie tecniche di PNL che possono aiutare a controllare il dolore, da sole o in combinazione con i farmaci.

REINCORNICIARE PER IL CONTROLLO DEL DOLORE

Un modo per affrontare e gestire il dolore è quello di reincorniciarlo utilizzando la risata. Per la PNL questo è un processo di reincorniciamento di "significato" o "contenuto". Funziona facendo qualcosa che aumenta leggermente il dolore, per poi ridere. Suona ridicolo, ma si rivela spesso di aiuto. Continua a farlo finché il dolore non sembra più così terribile. La risata non fa necessariamente scomparire il dolore, ma può cambiare le tue sensazioni al riguardo (e ci sono addirittura persone che imparano alla fine ad *amare* il dolore: i masochisti). Una volta Milton Erickson, di cui esamineremo in dettaglio le tecniche ipnotiche nei prossimi capitoli, aiutò un amputato che soffriva di dolori all'arto fantasma semplicemente instillando la suggestione che un arto fantasma poteva allo stesso modo essere anche fonte di piacere.

SOVRACCARICO E DISTRAZIONE

È un fatto ormai assodato che la mente conscia può gestire un massimo di sette elementi (più o meno due) contemporaneamente. Sovraccaricare il cervello comporta quindi che qualcosa verrà ignorato, e con un po' di fortuna, sarà il dolore a non notarsi più come prima.
La distrazione funziona in modo simile, ma utilizza un singolo stimolo molto potente invece di svariati stimoli minori.
Probabilmente abbiamo tutti familiarità con questo tipo di fenomeno: rimanere feriti ma esserne completamente inconsci al momento perché siamo occupati a fare dell'altro, o magari a scappare da un incendio o da un incidente automobilistico.

Una volta a Milton Erickson portarono una paziente che stava morendo di cancro. Lei gli disse che era scettica riguardo all'ipnosi, ma che era disposta a provare qualsiasi cosa per via dei dolori terribili. "Signora, penso di poterla convincere", disse Erickson, "e lei sa quanto dolore sta provando e quanto sia incontrollabile. Se vedesse una tigre affamata entrare ora da quella porta, leccandosi le fauci irte di denti e guardandola, quanto dolore proverebbe?". La donna fu talmente stupita dalla domanda, talmente *distratta*, che disse "Neanche un po'. In effetti non sento alcun dolore nemmeno in questo momento".

In un altro caso Erickson incontrò una paziente che soffriva di gravi dolori cronici all'anca. Erickson le parlò a lungo dei diversi tipi di nervi, e di come funzionano, e mentre la donna cominciava ad annoiarsi per via del sovraccarico di informazioni, lui cominciò a instillarle i semi di diverse idee, come il fatto che le mani si ricoprono di calli e diventano insensibili se si fanno molti lavori manuali. La donna poi prese l'idea e la fece propria, immaginando i propri nervi che alla lunga diventavano callosi per via dell'uso eccessivo. Quel concetto la aiutò a ridurre sensibilmente la sensazione di dolore.

ADESSO TOCCA A TE

Se hai dei dolori e i normali analgesici non ti danno completo sollievo, trovati un compito da svolgere che ti assorba completamente e che richieda diversi tipi di attività mentale. La tua scelta dipenderà ovviamente molto dalla tua personalità. Un gioco come il poker può andare bene perché comprende ogni tipo di cose: ricordare le carte, leggere il linguaggio del corpo degli altri giocatori, controllare consciamente il proprio linguaggio del corpo perché gli altri non possano indovinare cosa stiamo pensando, calcolare quanto puntare e così via. Potresti invece provare a comporre un brano musicale e scriverlo su un pentagramma. Oppure descrivere in dettaglio *tutto* quello che hai visto, udito, percepito, gustato e odorato mentre osservavi, ad esempio, un paesaggio meraviglioso durante le vacanze dello scorso anno.

L'INTUIZIONE

Se devi affrontare una situazione in cui è qualcun altro a provare dolore, una tecnica utile è quella di parlare incessantemente con la persona, facendo domande e osservazioni, raccontando aneddoti e chiedendo alla persona di ricordare cose e situazioni.

AUTOIPNOSI PER IL CONTROLLO DEL DOLORE

La tecnica di Betty Erickson per l'autoipnosi può essere utilizzata anche per programmarsi allo scopo di provare meno dolore, o addirittura per non sentire il dolore per periodi prolungati. La procedura è la stessa descritta sopra (vedi *Autoipnosi per alleviare lo stress*), ma come scopo della seduta autoipnotica si dice qualcosa come: "Sto entrando in uno stato di trance al fine di permettere alla mia mente inconscia di correggere un errore nel mio sistema nervoso. Il dolore è un segnale che c'è qualcosa che non va. Ho ricevuto quel messaggio, e sto facendo tutto quello che si poteva fare, quindi non ha più senso ora continuare a provare dolore". Quando arrivi alla visualizzazione (Fasi 5f e 5g), immagina una scena in cui sei sereno e libero dal dolore: ad esempio stai galleggiando in un rilassante bagno caldo.

Un approccio alternativo è quello di cercare di separare la tua mente dal dolore che prova il corpo, affermando uno scopo di questo tipo per la trance: "Sto entrando in una trance in maniera tale da poter affidare al mio inconscio il compito di separare, per un breve periodo, la mia mente dal mio corpo. Lascerò il mio corpo qui nel letto, e me ne andrò a guardare la televisione".

10 COSE DA RICORDARE

1. *L'effettiva portata dell'effetto placebo rimane una questione controversa, ma non c'è dubbio che il fenomeno sussista.*
2. *In PNL esistono varie tecniche per sfruttare l'effetto placebo.*
3. *Concentrati su un progresso alla volta, ma promettiti sempre che guarirai e ti riprenderai del tutto.*
4. *Se trovi noioso il vivere sano, puoi usare la tecnica dello Swish per aumentare il tuo livello di motivazione.*
5. *Creare un filmato interiore degli effetti negativi di una dipendenza può esserti di aiuto.*
6. *Puoi utilizzare la visualizzazione per aumentare la tua convinzione di essere in grado di smettere di fare cose che fanno male alla tua salute, e per ridirigere desideri irrefrenabili su cose più positive.*
7. *Il modellamento può procurarti un modo nuovo di vedere il vivere sano.*
8. *Il Cerchio della Salute può aiutarti a sviluppare un atteggiamento mentale positivo.*
9. *Lo stress negativo è estremamente pericoloso per la tua salute: l'ancoraggio può aiutarti nel rilassamento.*
10. *Puoi aiutarti a controllare il dolore utilizzando le tecniche del reincorniciamento, del sovraccarico, della distrazione e dell'autoipnosi.*

COME ME LA STO CAVANDO?

- *Se sei stato male, sei riuscito a gestire le voci negative?*
- *Se sei stato male, sei riuscito a concentrarti su un miglioramento alla volta, mantenendo al tempo stesso la convinzione di poterti riprendere e guarire del tutto?*
- *Hai usato la tecnica dello Swish per installare regolari abitudini salutari?*
- *Ti sei liberato di cattive abitudini e vizi creando un filmato interiore dei danni che causano?*
- *Sei veramente convinto di poter smettere di fare le cose che non fanno bene alla tua salute?*
- *Sei riuscito a ridirigere con successo desideri irrefrenabili nocivi verso qualcosa di più positivo?*
- *Hai passato del tempo con qualcuno che ha uno stile di vita veramente sano?*
- *Hai utilizzato il Cerchio della Salute per sviluppare fiducia nel tuo mentecorpo?*
- *Hai utilizzato con successo le ancore per rilassarti in quelle che sarebbero altrimenti state situazioni stressanti?*
- *Sei riuscito a ridurre la tua percezione del dolore, o anche a farlo scomparire del tutto?*

Se non hai ancora sperimentato almeno cinque delle tecniche, rileggi le parti relative del capitolo e prova in prima persona. La tua salute è davvero preziosa.

CAPITOLO

7

Trasforma il tuo potere di persuasione

In questo capitolo imparerai:

- **come creare rapport**
- **come influenzare la mente inconscia degli altri**
- **come essere persuasivo**

Non puoi non comunicare
Presupposizione di PNL

Nel 1975 Bandler, Grinder e Gregory Bateson vivevano tutti in appartamenti al numero 1000 di Alba Road, a Ben Lomond, California. Bateson (1904-1980) era allora già famoso come poliedrico e talentuoso antropologo, scienziato sociale e linguista. Dopo che erano circolate le bozze de *La Struttura della magia*, Bateson invitò i due giovani studiosi a fare due chiacchiere da lui. Positivamente impressionato, suggerì poi che i due modellassero le abilità del dottor Milton Erickson, descritto da Grinder come "un medico psichiatra ribelle". Bandler e Grinder, che già conoscevano i lavori di Erickson, furono ben contenti di acconsentire.

Erickson non solo utilizzava l'ipnosi formale per trattare una vasta gamma di problematiche, ma impiegava anche l'ipnosi "informale". In altre parole, si connetteva all'inconscio delle persone utilizzando alcune tecniche dell'ipnosi, ma senza indurre quello che si potrebbe definire uno stato formale di ipnosi. Come conseguenza dell'aver modellato Erickson (utilizzando ad esempio i metodi descritti nel Capitolo 3), Bandler e Grinder procedettero a sviluppare molte delle tecniche della PNL, tra cui anche quelle che raccolsero e battezzarono con l'etichetta di Milton Model (dal nome di battesimo di Erickson).

Il Milton Model è costituito da una serie di potenti tecniche per influenzare le persone, non nel modo usuale – ponendo domande dirette e dando ordini – bensì comportandosi quasi nel modo opposto, raccontando storie e dicendo cose vaghe e ambigue. In questo capitolo analizzeremo brevemente le tecniche informali di Erickson che si possono impiegare nella vita quotidiana; nel prossimo vedremo come queste e altre tecniche si possano applicare per la vostra relazione più importante; nel Capitolo 9, infine, esamineremo l'ipnosi formale.
Quanto sia etico utilizzare queste tecniche è cosa che spetta a te decidere, a seconda delle circostanze. Ovviamente Erickson le impiegava per aiutare le persone a superare problemi, cosa per cui venivano a consultarlo di loro spontanea volontà. Nel mondo spietato degli affari potresti trovarle legittime per altri motivi. Ma a casa, con le persone che ami e che si fidano di te, dipende tutto dalle tue intenzioni. Va però detto che queste tecniche non possono costringere nessuno a fare niente: esse aggiungono solo potere alle tue capacità di persuasione.

STABILIRE RAPPORT

La prima cosa che deve fare qualsiasi ipnoterapeuta è stabilire rapport. E lo stesso vale in generale ogni volta che una persona vuole esercitare influenza su un'altra. Ovviamente è *possibile* influenzare qualcuno anche in assenza di rapport, ma l'influenza in quel caso tende a essere negativa. In altre parole, se non piaci alla persona o la persona percepisce antagonismo nei tuoi confronti, tenderà a pensare o a fare l'opposto di quello che suggerisci: in questo caso *dovrai* proporre *l'opposto* di quello che effettivamente vuoi. La cosa diventa complicata.

È molto più semplice e diretto portare la persona dalla tua parte stabilendo un amichevole senso di fiducia. Se rispondi alle altre persone in modo positivo, non critico, senza emettere giudizi, e soprattutto dimostrando che *ti piacciono e le apprezzi*, inevitabilmente anche tu piacerai a loro.

Uno dei modi in cui la PNL instaura rapport è tramite ricalco e rispecchiamento (vedi Capitolo 1). Giusto per ricordartelo, ricalcare una persona significa imitare il suo linguaggio non verbale in modo approssimativo, mentre rispecchiarla significa fare *esattamente* quello che l'altra persona fa, come se fosse davanti a uno specchio.

In realtà, entro una certa misura, tendiamo tutti inconsciamente a ricalcare e rispecchiare quando vogliamo piacere alle altre persone. La PNL propone di farlo *consciamente.* Per farlo consciamente devi prima identificare gli elementi chiave in ciò che l'altra persona sta facendo. Come abbiamo visto nel Capitolo 1, è il processo che in PNL si chiama *calibrazione*.

Anche calibrare è qualcosa che entro una certa misura facciamo sempre. Quando entriamo in una stanza e sentiamo che "c'è un'atmosfera pesante", stiamo calibrando. In realtà la maggior parte di noi non è conscia di buona parte dei messaggi non verbali che incontra nella vita quotidiana: li assorbiamo però inconsciamente e reagiamo di conseguenza. Ma per sfruttare al massimo in modo pratico il linguaggio non verbale altrui, devi abituarti ad analizzarlo. E devi anche sapere come utilizzarlo a tua volta.

Gli ipnoterapeuti devono essere molto attenti agli effetti che producono. Devono saper distinguere quando una persona è effettivamente in trance o quando invece sta solo facendo finta. Devono saper vedere quando un soggetto sta entrando in uno stato ipnotico più profondo, e quando invece ne sta uscendo. Devono saper vedere quando una persona sta visualizzando qualcosa, e devono saper distinguere se la visualizzazione è piacevole o dolorosa. Devono sapere se le parole che utilizzano hanno l'effetto voluto o se creano resistenze.

Questa capacità di calibrare è conosciuta in PNL con il nome di "acuità sensoriale". Ecco alcuni divertenti esercizi per svilupparla. Ovviamente presterai attenzione alle espressioni facciali, ma anche a segnali più sottili, quali movimenti oculari, postura, respirazione e tono muscolare.

ADESSO TOCCA A TE

Fase 1: Poni a un amico alcune semplici domande che richiedano solo una risposta affermativa o negativa, "sì" oppure "no".

Fase 2: Nota il linguaggio del corpo che accompagna il "sì" e quello che accompagna il "no".

Fase 3: Ora fai delle altre domande dello stesso tipo, chiedendo al tuo amico di non rispondere verbalmente ma di *pensare* solo la risposta, pensando "sì" oppure "no". Dalle tue osservazioni del suo linguaggio non verbale dovresti riuscire a intuire correttamente a quale risposta sta pensando.

Questo è uno degli esercizi di calibrazione più facili, perché la maggior parte delle persone farà almeno un microscopico cenno di "sì" con la testa, scuotendola invece impercettibilmente quando pensa "no". Altri magari inclinano il capo in avanti quando pensano "sì", e indietro per il "no", oppure hanno uno sguardo più vivace per il "sì" e più freddo per il "no".

ADESSO TOCCA A TE

Fase 1: La prossima volta che parli con qualcuno, dì qualcosa di non offensivo su quella persona che sai *non* essere vero. Calibra.

Fase 2: Dì poi qualcosa di non offensivo e che sai *essere vero*. Calibra.

Fase 3: Ripeti le prime due fasi alcune volte, fino ad aver identificato tutti i messaggi non verbali che corrispondono ad affermazioni corrette o scorrette.

Ad esempio potresti dire: "Se ricordo bene tuo marito lavora per una compagnia petrolifera", oppure "Tu hai vissuto per un po' in Sudamerica, non è vero?".

ADESSO TOCCA A TE

Fase 1: Chiedi a un amico di pensare a una persona che gli piace. Calibra.

Fase 2: Chiedigli ora di pensare a qualcuno che odia. Calibra.

Fase 3: Ripeti fino ad aver identificato tutti gli elementi non verbali dei due stati.

Fase 4: Una volta che hai chiare le cose, dì all'amico che gli farai una serie di domande su queste due persone, ma che *non* vuoi che ti dica le risposte. Sarai invece *tu* a dirgli le risposte. Tutto quello che deve fare il tuo amico è guardarti e annuire quando è pronta la risposta.

Fase 5: Poni al tuo amico domande che richiedono di fare paragoni tra la persona che gli piace e quella che odia. Ad esempio, potresti chiedere: "Chi dei due ha i piedi più grandi?", "Chi ha più lentiggini?", o "Chi ha il naso più grosso?". Questo funziona al meglio se poni domande che inducano il tuo amico a evocare delle immagini prima di rispondere (una domanda del tipo "Chi dei due è più alto?" potrebbe trovare risposta senza pensarci troppo, se la differenza di altezza è notevole, e non comporterebbe quindi sensibili cambiamenti a livello di linguaggio del corpo).

Fase 6: Dopo aver posto ciascuna domanda, osserva attentamente il tuo amico. Penserà prima a una persona e poi all'altra mentre le paragona. La risposta sarà l'ultima persona su cui l'amico si sofferma a pensare prima di guardarti e annuire: saprai di quale delle due si tratta calibrando.

L'INTUIZIONE

Se non riesci a notare delle differenze nel linguaggio del corpo del tuo amico, chiedi che pensi alla persona che ama di più al mondo, e poi a quella più disgustosa e spiacevole che gli viene in mente. In questo modo il linguaggio non verbale dovrebbe essere un po' più evidente. Potresti anche incoraggiare sottilmente il tuo amico a essere più espressivo, essendolo tu in prima persona.

ADESSO TOCCA A TE

Questo esercizio della sfera di cristallo è molto divertente, ma per mettere veramente alla prova le tue abilità devi provarlo su persone che non conosci molto bene.

Fase 1: In una normale conversazione, fai alcune osservazioni che richiedano risposte "Sì/No", in maniera da poter osservare i segnali non verbali della persona.

Fase 2: Metti le mani a coppa, e dì che hai una sfera di cristallo immaginaria: muovila lentamente su e giù, seguendo il ritmo della respirazione della persona.

Fase 3: Ora fai una prima affermazione di apertura, del tipo "Vedo qualcuno di molto importante per te". Fai una pausa per lasciare che la persona pensi a qualcuno, e poi dì "è un uomo" o "è una donna". Se il linguaggio del corpo della persona mostra disaccordo, copri l'errore dicendo "No, aspetta, ora le nebbie nella sfera si diradano e vedo che è... (l'opposto di quanto detto prima)".

Fase 4: Ora sei pronto per proseguire fino a un finale spettacolare del tipo: "Questa persona ha un importante messaggio per te. Molte volte questa persona... ha voluto darti questo messaggio... ma non ha mai sentito di riuscirci... fino a ora... ma entro le prossime quarantotto ore... si verificherà una situazione... in cui il messaggio della persona ti sarà molto utile... e mentre pensi a questa persona... comincerai a comprendere... qual è il messaggio...".

Dunque ora sai come vengono eseguiti alcuni di quegli incredibili trucchi di lettura del pensiero. L'ultima parte dell'esercizio utilizza schemi linguistici ericksoniani, su cui impareremo di più in seguito. Se lo trovi difficile, puoi semplificare l'esercizio sostituendo alla sfera di cristallo invisibile la lettura della mano. La procedura è la stessa, ma questa volta riceverai dei sottili segnali inconsci affermativi o negativi attraverso la mano della persona.

I SEGNALI DA TENERE D'OCCHIO... E DA DARE

Come te la sei cavata con l'esercizio di calibrazione? Dovresti aver imparato molto sul linguaggio non verbale. Ecco alcune delle cose che dovresti notare e imparare per ricalcare e rispecchiare quando è il caso.

VOCE

Tendiamo tutti istintivamente a modificare il modo in cui parliamo per essere più simili alle persone con cui ci troviamo. In un gruppo di persone in cui si usano liberamente le parolacce, è più probabile che anche tu aggiunga una coloritura di quel tipo quando parli con loro; in un gruppo diverso staresti probabilmente attento a evitare di farlo.

Il rapport riguarda anche la velocità, il volume e il ritmo. Come esercizio, prima di tutto prova a ricalcare in modo molto simile per poi passare a uno schema espressivo diverso (veloce/lento, voce alta/bassa), e vedi se l'altra persona comincia a seguirti. Questo fenomeno ha un'applicazione molto pratica quando qualcuno è arrabbiato e grida. In questo caso, alza anche tu un poco la voce, per poi abbassarla gradualmente, parlando lentamente e in modo calmo. L'altra persona probabilmente ti seguirà.

La PNL tratta ampiamente la questione dei sistemi rappresentazionali primari, un argomento che vale certamente la pena conoscere.
La PNL sostiene che quando le persone elaborano le informazioni tendono a preferire una di tre modalità, e che la cosa si riflette nel modo in cui parlano:

- *vedono immagini visive*
- *odono suoni*
- *provano sensazioni*

Ad esempio, chiedi a tre persone la loro opinione su qualcosa. Una potrebbe rispondere dicendo "Per come la vedo io, dal mio punto di vista..."; la seconda potrebbe dire "Da quello che sento, la gente dice che...", e la terza potrebbe rispondere "Ho la sensazione che questo concetto sia difficile da afferrare…". La conclusione è che la prima persona tende a elaborare le informazioni in modo *visivo*, la seconda è più orientata verso i *suoni*, mentre la terza tende a pensare in termini di *sensazioni*.

Se noti che una persona tende fortemente a usare un sistema sensoriale, vale la pena seguirla facendo lo stesso e creando rapport. La maggior parte delle persone, però, mescola tutti e tre i sistemi, e ci sono altre cose molto più importanti per creare intesa con gli altri.

Ovviamente, l'aspetto più significativo della tua voce è ciò che effettivamente dici. Sarà molto difficile instaurare rapport con qualcuno se la persona disprezza la tua opinione e tu la sua. Se il rapport è la cosa più importante, potresti dover fingere, o quantomeno evitare argomenti che sospetti possano dare adito a controversie. È inoltre vitale riconoscere i problemi e le paure delle altre persone. Mai ignorare o accantonare queste cose. Una semplice formula, se trovi difficile dimostrare genuino interesse, consiste nel ripetere, più o meno, alla persona quello che ti dice: in altre parole, se una persona ti dice che sua madre ha un problema di salute, tu dici "Mi spiace sentire che tua madre non sta bene". Prova anche a passare alla seconda posizione, a vedere cioè la situazione attraverso gli occhi dell'altra persona (se hai bisogno di rinfrescarti la memoria sui punti di vista multipli, torna al Capitolo 2).

POSTURA E MANIERISMI

Poniamo che tu stia facendo dei colloqui per assumere qualcuno. Attraverso il buco della serratura puoi vedere la sala di attesa. Spiando i candidati vedi:

- *una donna che tamburella con le dita sui braccioli della sedia*
- *un uomo, con le gambe accavallate, che dondola una gamba avanti e indietro*
- *un uomo che si tiene il mento con la mano e che muove costantemente lo sguardo da una persona all'altra e da un punto all'altro della stanza*
- *una donna seduta sull'orlo della sedia, con le mani in grembo, inclinata leggermente in avanti*

- *un uomo seduto con le gambe protese in avanti, reclinato sulla sedia e con le mani dietro la testa*

Sono tutte forme di comunicazione: “Mi sento tesa”, “Sono teso”, “Sono annoiato e ho bisogno di stimoli”, “Non vedo l’ora”, “Non mi importa, e sono molto rilassato”.

In effetti la maggior parte della comunicazione umana è non verbale. Probabilmente almeno l’80%. Questo potrebbe sorprenderti, ma pensaci anche solo per un attimo. Quali sensazioni e quali idee hai riguardo agli uomini con la testa rasata? O con i capelli lunghi? O gli orecchini? O le persone con i tatuaggi? O quelle che indossano palandrane? O stivali di gomma verdi? E quelle che masticano la gomma americana?

Questi sono tutti segnali che probabilmente causano in te una qualche reazione. Sono comunicazioni che ricevi. Che tu le decodifichi accuratamente o meno è un’altra questione, ma restano comunque comunicazioni. E per instaurare rapport, basta copiarle.

Chiaramente devi usare una certa accortezza. Se l’altra persona sospetta anche solo qualcosa, penserà che tu sia strano o che ti stai prendendo gioco di lei. Il ricalco e il rispecchiamento devono essere estremamente sottili, proprio come avviene quando hanno luogo naturalmente. La differenza è che lo fai di proposito, o per accelerare la creazione del rapport, o per instaurarlo tra te e una persona con cui normalmente non avresti intesa.

L’INTUIZIONE

Non avere fretta nel ricalcare o rispecchiare la persona. Non serve che tu ripeta un movimento appena l’altra persona lo fa. Ci può essere un intervallo di alcuni secondi, o anche più.

Puoi anche scegliere di rompere di proposito il rapport, magari per portare a termine una conversazione. Inspirare a denti stretti e sollevare le spalle, come per alzarsi e andarsene, è un segnale standard. Guardare altrove e fare spallucce è un altro. Oppure potresti improvvisamente cambiare ritmo e metterti a parlare concitatamente.

ADESSO TOCCA A TE

Guardati attorno in un qualsiasi spazio ampio e affollato, come la sala di aspetto di un aeroporto, e cerca di identificare le persone che sono sole, quelle che sono con persone che non conoscono bene, quelle che si conoscono da tanto tempo e quelle che stanno ricalcandosi e rispecchiandosi, suggerendo quindi di essere impegnate a conoscersi più intimamente.

Metti alla prova le tue abilità, prima ricalcando e rispecchiando per un po' un'altra persona, e poi passando a un nuovo comportamento per vedere se quella ti segue e ti copia. Se hai veramente instaurato rapport dovrebbe accadere.

OCCHI

Il significato dei movimenti oculari è uno degli aspetti più controversi della PNL. La cosa che si può dire con maggiore sicurezza è che *alcune* persone muovono gli occhi in un modo specifico, a seconda della natura delle informazioni che stanno elaborando. Ad esempio, molti di noi portano gli occhi al cielo quando qualcuno ci sorprende con una domanda difficile, imbarazzante, o secondo noi stupida. Ma la PNL va ben oltre.

Ecco il modello standard della PNL per una persona destrimano (per alcuni mancini lo schema può essere quello inverso):

- *occhi in alto a sinistra della persona: sta ricordando qualcosa che ha visto*
- *occhi in alto a destra della persona: sta visualizzando qualcosa che non ha mai effettivamente visto*

- *occhi sul piano orizzontale e verso la sinistra della persona: sta ricordando qualcosa che ha udito*
- *occhi sul piano orizzontale e verso la destra della persona: sta immaginando un suono*
- *occhi in basso a sinistra della persona: sta intrattenendo una conversazione con se stessa*
- *occhi in basso a destra della persona: sta immaginando o ricordando una sensazione*

Se vuoi verificare queste affermazioni e raggiungere una tua conclusione, trova degli amici che ti facciano da cavia e poni domande progettate per suscitare i sei diversi tipi di movimenti. Ad esempio, per i ricordi visivi potresti chiedere “Descrivi quello che vedi dalla finestra di camera tua”, mentre per una sensazione potresti chiedere “Descrivi la sensazione di tuffarti nell'acqua fredda”.

Se riesci a identificare questi o altri schemi che si ripetono in una persona, avrai acquisito uno strumento utile. Sulla base del modello della PNL, ad esempio, se chiedi a qualcuno di descrivere dov'era la notte prima, e noti gli occhi che vanno in alto a destra, sai che sta inventando qualcosa. C'è anche da dire che diversi scienziati hanno messo in dubbio che questo schema sia frequente, o tantomeno universale.

Un fenomeno molto più sostanziato dalla ricerca è quello della dimensione delle pupille. Ovviamente le pupille si adattano alla luce (e possono subire l'effetto di certe sostanze), ma presumendo condizioni stabili di illuminazione, il dilatarsi delle pupille indica piacere. Esiste anche una disciplina a riguardo, la “pupillometria”, termine usato per la prima volta nel 1975 da Eckhard Hess, un biopsicologo dell'Università di Chicago.

Altro fatto risaputo è che le pupille di uomini e donne si dilatano quando vi è attrazione sessuale per qualcuno. E, cosa interessante, la dilatazione delle pupille è a sua volta attraente per l'altra persona. Nel corso di uno studio, a una serie di soggetti maschi sono state mostrate coppie di fotografie di diverse donne: una con le pupille normali, l'altra identica eccetto per la dimensione delle pupille, che era stata aumentata. I soggetti dissero di trovare più attraenti le immagini con le pupille dilatate, anche se non erano in grado di spiegare perché. Anche le donne trovano più attraenti gli uomini con le pupille dilatate, specialmente (secondo uno studio condotto presso l'Università di Edimburgo) quando stanno ovulando.

Controllare artificialmente la dilatazione delle proprie pupille non è facile. Se non sei attratto da un'altra persona o non provi particolare piacere per la sua compagnia, potresti provare a cercare qualcosa che effettivamente ti causa piacere: le pupille si dilatano anche per il buon cibo, gli animali domestici, i panorami e, nel caso delle donne, i bambini piccoli.

RESPIRAZIONE

John Grinder racconta che sapeva quando si era assicurato l'attenzione di Milton Erickson osservando come respirava. La respirazione è una di quelle cose che la maggior parte delle persone nota solo inconsciamente, ma molti animali sono fortemente sintonizzati su questo aspetto. Se sei mai andato a cavallo, saprai che trattenere il respiro è un ottimo modo per far innervosire la tua cavalcatura. Inspirare a denti stretti e sbuffare aria dal naso sono segni di tensione, mentre espirare in modo esagerato, magari con la lingua in vista, indica un improvviso rilascio di tensione.

Puoi solitamente vedere quando una persona sta inspirando o espirando osservando le spalle che salgono e scendono, la cassa toracica che si espande, e a volte anche il dilatarsi o il restringersi delle narici. Per instaurare rapport segui semplicemente il ritmo a cui respira l'altra persona.

CONGRUENZA E MENZOGNE

Quando le persone bilanciate si comportano in modo naturale, sono congruenti. Con questo termine intendo che tutti i loro segnali sono in armonia. Ogni aspetto del linguaggio del corpo è coerente e riflette le convinzioni e i valori della persona. Ma quando qualcuno si mette deliberatamente a fuorviare e manipolare gli altri, inevitabilmente ci sarà una certa misura di incongruenza. Gli aspetti del linguaggio non verbale saranno contraddittori. È qualcosa a cui dovresti prestare attenzione.

A meno che non siano estremamente esperte, le persone che mentono tendono a esibire segni di tensione quali sudore, movimenti scattosi e schemi di espressione verbale anomali con cambiamenti di tono e di ritmo. Per cercare di nascondere la propria tensione, le persone che mentono possono cercare di stare molto ferme. Altri segnali possono essere specifici per la persona; per riconoscerli, le tue abilità di calibrazione devono essere affinate.

Se fingi di credere alle menzogne probabilmente si creerà una certa intesa, specialmente se l'altra persona crede a quello che dice. Ma questo non è vero rapport, bensì semplicemente un modo per prendervi in giro. Il vero rapport deriverebbe dal chiarire che apprezzi l'altra persona. Quella che c'è *dietro* alle menzogne.

Proprio come tu guardi le altre persone per notare segnali di incongruenza, così anche gli altri li cercano in te. Probabilmente non lo faranno in modo conscio, ma a livello inconscio percepiranno quando "c'è qualcosa che non torna". Quando utilizzi le tecniche di questo capitolo per essere più persuasivo è importante che tu rimanga congruente. La variante del Generatore di Nuovi Comportamenti che segue ti sarà di aiuto.

ADESSO TOCCA A TE

Fase 1: Sei il regista di un film di cui sei anche il protagonista. In qualità di regista, impartisciti istruzioni sul linguaggio del corpo che dovresti esibire per apparire congruente. Guardati mentre ti comporti con coerenza nell'interagire con le altre persone. Nel tuo ruolo di regista, apporta qualsiasi correzione o cambiamento tu ritenga necessario.

Fase 2: Una volta che sarai del tutto soddisfatto, entra nel filmato e fai esperienza in prima persona di com'è essere congruente, vivendolo nel tuo ruolo di protagonista. Vedi attraverso i tuoi occhi, ma senti anche tutto quello che dici per essere persuasivo e prova le sensazioni (in altre parole ora sei passato dalla terza alla prima posizione, da dissociato ad associato. Se hai bisogno di rinfrescarti la memoria sui punti di vista multipli, torna a vedere il Capitolo 2). Nota le reazioni delle altre persone. Sono quelle desiderate? Controlla anche che questo nuovo comportamento sia veramente adatto a te.

Fase 3: Se non sei completamente soddisfatto di qualcosa, torna al tuo ruolo di regista, apporta le dovute modifiche e ripeti la Fase 2.

GESTIRE LA MANCANZA DI ATTENZIONE

Le persone che prestano attenzione tendono a stare piuttosto ferme e a ignorare le distrazioni. Sono protese in avanti, magari con la testa leggermente inclinata, e hanno lo sguardo alquanto fermo, sbattono poco le palpebre e magari hanno la fronte corrugata. Se sono aperte a quello che si dice, anche fisicamente avranno una postura aperta, e potrebbero annuire o contribuire con suoni di incoraggiamento a ciò che dici. È facile entrare in rapport in questi casi. All'estremo opposto dello spettro, le persone che non sono interessate tendono a giocherellare con le mani, a distrarsi facilmente, a guardarsi intorno alla ricerca di qualcos'altro che catturi la loro attenzione e a tirarsi indietro anziché protendersi in avanti. Il modo di gestire questo tipo di segnali dipende in larga misura dal contesto. Un mio maestro di scuola era solito lanciare i gessetti addosso agli scolari dall'aria distratta. Ci sono stratagemmi più sottili, quali improvvisi cambiamenti di volume o di ritmo nell'eloquio, e movimenti più energici.

GESTIRE ATTEGGIAMENTI DI CHIUSURA

Quando le persone sono aperte agli altri, alle informazioni e alle esperienze, tendono letteralmente a essere "aperte" a livello fisico: le mani saranno aperte e le braccia e le gambe non saranno incrociate. Possono essere aperti magari anche i vestiti: la giacca tolta, la cravatta sciolta, la camicia o la blusa sbottonata all'altezza del collo. Nota però che una postura aperta può anche segnalare aggressività: vieni a prendermi se hai coraggio. Una postura chiusa è l'opposto: mani serrate a pugno, braccia e gambe incrociate, spalle incurvate, testa bassa. Sono tutti segnali del fatto che la persona sta chiudendo fuori il mondo esterno (ma ricorda sempre che queste sono anche normali reazioni al freddo).

Per esercitare influenza sulle altre persone, devi riuscire a farle uscire da posture chiuse per assumere posture aperte. Un modo per farlo è chiedere loro di fare qualcosa che li costringa a usare le mani. Se sei un venditore, ad esempio, potresti mettere loro in mano dei prodotti campione. Un'altra tecnica è quella di ricalcare il loro linguaggio del corpo mentre cerchi di stabilire rapport anche in altri modi: una volta che avrai una connessione, potrai guidare la persona verso una postura più aperta assumendola tu per primo. Se hai instaurato rapport con successo, il tuo interlocutore ti seguirà.

SOTTOMISSIONE E DOMINANZA

Quando una persona è sottomessa la sua postura è solitamente chiusa (vedi sopra), il corpo si fa il più piccolo possibile e viene tenuto fermo, con la testa bassa. In questo stato le persone tendono a sorridere molto con la bocca, ma non con gli occhi, che saranno spalancati. Le mani sono spesso aperte, con le palme rivolte verso l'alto, per mostrare l'assenza di armi. I movimenti sono lenti ma scattosi, e ci possono essere segni di tensione quali sudore, pallore, tendenza a toccarsi i capelli e la faccia.
Al contrario, persone che si sentono dominanti espandono il corpo nello spazio, stanno dritte in tutta la propria altezza con le braccia e le gambe aperte (il che, esponendo il basso ventre, nel caso degli uomini, è anche un modo per dire "ce l'ho più grande di te"). Potrebbero dimostrare la propria superiorità esibendo accessori costosi (orologi, gemelli, gioielli e via dicendo), "invadendo" il territorio degli altri (venendo molto vicino, mettendo i piedi su tavoli o sedie) e interrompendo gli altri o parlando loro sopra. Le persone dominanti tendono a non preoccuparsi di mostrare eventuale disapprovazione attraverso le proprie espressioni facciali.

La figura del dominatore durante un'interazione è un aspetto che tende a stabilirsi all'inizio di un incontro. Nella stretta di mano, la persona dominante mira a mettere la propria mano sopra, non di lato, e accompagnerà il gesto toccando il gomito o la spalla di chi sta salutando. Potrebbe fissare a lungo l'altra persona, o alternativamente darle un solo sguardo rapido e deciso. Le persone dominanti spesso impiegano lunghe pause quando parlano: le usano per guardare intorno eventuali altre persone che stanno ascoltando, oppure per fissare nel vuoto e visualizzare le propria importanza.

Puoi andare d'accordo con le persone dominanti semplicemente facendo quello che vogliono, ma questo non è vero rapport. Può darsi che il rapport non sia effettivamente possibile. Se vuoi crearlo, devi accettare la sfida e ricalcare la persona dominante.

INTERAZIONI AMOROSE

Non solo gli animali si pavoneggiano e si mettono in mostra: lo fanno anche gli esseri umani. Buttare indietro la testa e i capelli, passarsi le dita tra le chiome, portare il petto in fuori, tirare dentro la pancia e tenere aperte le braccia per far sembrare più ampie le spalle sono tutti esempi di questa cosa. Gli occhi sono di importanza vitale. Da lontano una persona potrebbe soffermarsi con lo sguardo più a lungo del normale, per poi distogliere lo sguardo, e infine guardare di nuovo. Da vicino, quando una persona prova attrazione, le pupille si dilateranno (vedi sopra la sezione sugli occhi). Gli occhi tenderanno anche a soffermarsi sulle zone che la persona vorrebbe toccare, ad esempio le labbra o il basso ventre. La maggior parte delle donne avrà fatto l'esperienza di guardare in faccia degli uomini i cui occhi continuavano a cadere sulla scollatura. Le persone si accarezzano inconsciamente nei modi in cui vorrebbero accarezzare la persona a cui sono interessate, o nel modo in cui vorrebbero che la persona le accarezzasse. Sono segnali che possono anche essere dati consciamente. A mano a mano che comincia a svilupparsi rapport, le persone prendono automaticamente a rispecchiarsi, e anche questa è una cosa che si può fare consciamente per creare rapport.

NEGOZIAZIONI

Cosa succede quando un gruppo di persone va a negoziare con un altro gruppo? Diciamo che si tratta dei dirigenti dell'azienda A e di quelli dell'azienda B. Senza pensarci, i dirigenti dell'azienda A si siederanno tutti da un lato del tavolo, e quelli dell'azienda B dall'altro. Per la maggior parte di noi questa sembra una cosa talmente normale che nemmeno la mettiamo in questione. Ma è una buona idea? Crea immediatamente un'atmosfera di "noi contro di loro". A volte può essere ciò che si desidera, ma per raggiungere una conciliazione, un compromesso e una soluzione win-win, sarebbe effettivamente meglio che le fazioni stessero affiancate. I due amministratori delegati potrebbero sedersi l'uno di fianco all'altro, così come i responsabili della contabilità e via dicendo.

IL MILTON MODEL NELLA VITA DI TUTTI I GIORNI

In larga misura tramite un processo di osservazione, e per tentativi, Milton Erickson ha sviluppato le tecniche poi modellate da Grinder e Bandler. Quelle tecniche sono oggi studiate ed emulate da ipnotisti e terapeuti in tutto il mondo. Molte possono però essere impiegate anche nella vita quotidiana, ed è quello che considereremo qui.

Queste tecniche si indicano a volte con il nome di "ipnosi conversazionale", perché quando le impiegava, Erickson sembrava semplicemente impegnato a fare due chiacchiere con i suoi pazienti, raccontando storie sconclusionate e dallo strano ritmo il cui scopo e la cui attinenza non erano sempre evidenti.

Milton Erickson era ben capace di intervenire direttamente quando riteneva fosse la cosa migliore, ma il suo normale approccio, quello del Milton Model, consisteva nell'aiutare le persone a trovare le risposte da sole. Erickson era convinto che la mente inconscia fosse sempre presente e attenta, e quindi accessibile, ma che non fosse possibile darle istruzioni in modo diretto. Per questo, dire semplicemente a una persona di smettere di fumare o di bere è quasi del tutto inefficace.
Erickson sceglieva invece di essere deliberatamente nebuloso, usando un linguaggio "abilmente vago", per dirla con Bandler e Grinder, in modo che i suoi pazienti dovessero *pensare*. Le persone che devono capire le cose per conto proprio:

- *ricordano meglio di quanto non facciano se le cose vengono loro dette*
- *credono nelle conclusioni raggiunte autonomamente più che in quanto gli viene detto*
- *preferiscono le idee così raggiunte, perché le sentono proprie*
- *utilizzano un cosiddetto processo di "ricerca transderivazionale" nella mente inconscia, che può portare a cambiamenti a livello profondo*
- *sono distratte mentre pensano, il che offre un'opportunità per instillare suggestioni nella mente inconscia*

Se sei una persona molto diretta, potresti trovare difficile adottare il Milton Model. Invero ci sono dei momenti in cui la precisione delle istruzioni esplicite, l'opposto del Milton Model, è essenziale. Qui però non si tratta di una procedura come quella per pilotare un aereo: stiamo parlando di come cambiare ciò che le persone pensano e provano. Questo cambiamento avviene con maggiore facilità quando le persone lo attuano autonomamente *dall'interno*. Il tuo ruolo, dunque, è di stimolarle a dare inizio a quel processo. Facendo affermazioni vaghe, ambigue e che confondono, forzi le persone a utilizzare le proprie menti per trovare il significato. Quel processo di scoperta comporta che le idee sviluppate dalla persona siano percepite come proprie. E visto che le idee sono "sue" non causano ovviamente resistenza.

UTILIZZARE LE DOMANDE

Invece di dare istruzioni, che possono incontrare resistenza, spesso puoi ottenere un risultato migliore ponendo una domanda. Ad esempio, potresti chiedere "Quanto sei disposto a metterci impegno?". Ponendo la domanda rendi difficile per l'altra persona dire qualcosa di diverso da "Ce la metterò tutta". E una volta che lo ha detto, si è presa autonomamente un impegno.

Il potere delle domande è stato illustrato molto vividamente da un esperimento (Barber, Dalai e Calverley, 1968) in cui a soggetti che erano stati ipnotizzati veniva poi posta una tra due domande. Tra i soggetti a cui venne chiesto "Hai trovato lo stato ipnotico fondamentalmente *simile* allo stato di veglia?", l'83% rispose di sì. Ma tra quelli a cui venne chiesto "Hai trovato lo stato ipnotico fondamentalmente *diverso* dallo stato di veglia?", il 72% rispose *affermativamente*. In altre parole, semplicemente il fatto di porre la domanda cambiava la percezione dell'esperienza.

Cerca di trovare un modo di riformulare la seguente istruzione come una domanda che potrebbe avere migliori possibilità di ottenere il risultato che desideri:

"Smetti di fumare."

Non guardare i miei esempi prima di aver formulato tu almeno una domanda. Ok? Potresti chiedere qualcosa come:

"Pensi sia possibile per una persona che ha forza di volontà semplicemente decidere di smettere di fumare e farlo?"

"Quanto ti sentiresti meglio se smettessi di fumare?"

"Cosa faresti con i ventuno anni di vita in più che il 50% dei fumatori si perde?"

Non sto suggerendo che porre queste domande faccia immediatamente smettere le persone di fumare, ma le idee che instillano continueranno a lavorare sull'inconscio con un potere che le istruzioni dirette non hanno.

UTILIZZARE NEGAZIONI E AFFERMAZIONI IN POSITIVO

Quando le persone si sentono incerte su qualcosa, è importante per il rapport mostrare che capisci le loro sensazioni negative:

"Capisco come ti senti."

"Tutti lo trovano difficile la prima volta."

In realtà puoi semplicemente ripetere alle persone le cose negative che hanno detto: "Dunque stai dicendo che senti di non essere pronto a compiere questo passo...". Puoi quindi superare le resistenze introducendo negazioni per togliere carica alle sensazioni della persona. Ad esempio, potresti dire:

"Non è necessario che continui se non ti senti a tuo agio."

"Non è necessario che firmi niente."

"Non serve che tu prenda una decisione finché non sei completamente convinto."

Le negazioni possono dunque rivelarsi utili in certi contesti: possono dissipare le resistenze. Ma quando si danno istruzioni è in generale una cattiva idea formularle in termini negativi. Diciamo, ad esempio, che tu stia sciando con un gruppo di principianti e che gridi loro "Non andate vicini al bordo della pista". Gli altri si concentreranno allora sul burrone a bordo pista e ripeteranno il mantra "Non andare vicino al bordo, non andare vicino al bordo...". E troveranno che i loro sci li portano inesorabilmente verso l'abisso, come se fossero attratti da una forza invisibile. Effettivamente in un certo senso è così: sono attratti là dalla forza dell'inconscio. Concentrandosi sul bordo pista, gli sciatori orientano i propri corpi in quella direzione e le loro menti inconsce, avendo ricevuto la parola chiave "bordo pista", garantiscono che la persona arrivi proprio là. La cosa corretta per accertarsi che i principianti si concentrino sul restare dove devono, è impartire un'istruzione in positivo: "State in mezzo alla pista, state in mezzo alla pista...". Ecco dunque un'importante lezione da tenere a mente:

Dai sempre istruzioni in termini positivi.

L'INTUIZIONE

È importante dare alle persone un'esperienza di successo. Perché una volta che lo hanno provato, sanno come ripeterlo.

ADESSO TOCCA A TE

Trova un modo di riformulare le seguenti istruzioni negative in termini positivi senza modificarne il significato:

- "Non sciate sul bordo della pista"
- "Non versare neanche una goccia di liquido"
- "Non migliorerai mai se continui a nutrire pensieri negativi"
- "Non riuscirai a superare l'esame se passi più di venti minuti su ogni quesito"

Ora aggiungi quello che hai imparato sul potere delle domande, e riformula le tue affermazioni in positivo sotto forma di domande.

CAUSE ED EFFETTO

Siamo tutti abituati ad affermazioni che collegano una causa a un effetto. Potresti dire, ad esempio: “Il mese prossimo i prezzi saliranno, quindi sarebbe una buona idea ordinare ora”. Il fatto è che siamo talmente abituati a queste espressioni che qualsiasi struttura che cominci affermando qualcosa di ovvio tende a farci sentire che la seconda parte deve a sua volta essere vera. La veridicità del primo elemento si estende in qualche modo al secondo:

“È una giornata insolitamente bella, quindi andiamo in spiaggia.”

Messa così sembra la cosa più naturale da fare (anche se magari dovresti invece andare al lavoro). Una variante di questa struttura è quella della cosiddetta “implicazione” costruita utilizzando un “se”:

“Se stai seduto su quella sedia ti sentirai più rilassato.”

La persona seduta sulla sedia farà in generale seguire alla prima risposta positiva (l’essere seduta) la seconda.

ADESSO TOCCA A TE

Prova a creare frasi composte da due elementi per le seguenti circostanze. Ricorda, il primo elemento deve essere qualcosa di vero in modo evidente. Il secondo, il tuo vero scopo, dovrebbe sembrare una conseguenza logica del primo, anche se magari non lo è:

- vuoi che una persona faccia una donazione a un’organizzazione di beneficenza
- vorresti un aumento di stipendio
- vuoi che qualcuno accetti un prezzo più basso per qualcosa

RICALCO E GUIDA

Ricalco e guida combinati costituiscono una potente tecnica per l'ipnosi, ma possono anche essere utilizzati efficacemente su persone in normale stato di veglia. Essenzialmente, riproponi alla persona la sua esperienza (ricalco) e una volta che hai stabilito rapport la guidi nella direzione che desideri tu (guida). Se guardi in TV o su YouTube mentalisti come Derren Brown o ipnotisti come Paul McKenna, vedrai che fanno largo uso di questa tecnica.

Il ricalco può essere:

- *fisico: rispecchi la postura dell'altra persona, le sue peculiarità, il tono di voce, la respirazione, e via dicendo*
- *verbale: dici all'altra persona le cose che sta esperendo al momento*

Questa fase di ricalco non solo instaura rapport, ma crea anche una spinta positiva a cui l'altra persona può trovare difficile resistere. Ascoltiamo un buon venditore in azione: "Hai una macchina molto bella. È un modello recente con soli 32.000 chilometri, e il colore argentato è molto ricercato, dunque posso offrirti...".
Il cliente sa che tutto quello che ha detto il venditore è vero. *È* effettivamente una bella macchina, *è* un modello recente, *ha* effettivamente pochi chilometri ed *è* argentata. Perciò quando il venditore fa un'offerta bassa, il cliente, trasportato dalla spinta positiva, è più incline ad accettare.

ADESSO TOCCA A TE

Oggi prova a riproporre alle persone la loro effettiva esperienza prima di procedere con una richiesta, e vedi se fa la differenza (suggerimento: attento a non farlo in modo troppo evidente).

PRESUPPOSIZIONI E LEGAMI

L'idea di presupposizioni e legami è quella di mettere l'altra persona nella posizione di essere costretta a fare appello a una certa forza per resisterti. Se non ha quella forza mentale, la tua persuasione avrà effetto.

Guardiamo alcuni esempi di presupposizioni:

- *preferisce pagare con carta di credito?*
- *ha decisamente scelto il modello migliore*
- *ha proprio ragione a prenderla rosa*

Se queste cose vengono dette *prima* che abbia effettivamente avuto luogo la decisione di comprare, hanno l'effetto di sospingere il cliente a fare quello che vuoi. Essenzialmente stai *presupponendo* che abbia deciso di comprare, e a questo punto dovrebbe resisterti attivamente per evitare l'acquisto. Ora diamo un'occhiata a qualcosa di più sofisticato.

"Vuoi farlo adesso o tra un'ora?"

Questo presuppone che la persona in ogni caso *faccia* la cosa. Qui è dunque costretta o a smontare la presupposizione ("né adesso né tra un'ora") oppure a optare per una delle alternative. Per questa ragione, questo tipo di presupposizione viene anche chiamata "legame", perché mette artificialmente l'altra persona nella posizione di dover scegliere tra due alternative, quando in realtà le alternative sarebbero molte di più. Molto spesso l'altra persona non si accorgerà nemmeno che le alternative a sua disposizione sono state ristrette.

"Vuoi farlo adesso o preferisci farlo tra un'ora?"

Questo è simile alla presupposizione precedente, ma ora, utilizzando la parola "preferisci" e sottolineandola con una leggera enfasi, stai guidando l'altra persona a farlo più tardi invece che subito.

"Dovremo scegliere tra due linee di azione."

Questo presuppone che vi siano *effettivamente* solo due alternative (entrambe favorevoli a te), e tende a prevenire che la persona presenti una terza o una quarta opzione (che potrebbe non essere altrettanto vantaggiosa per te).

***"Te la sei cavata straordinariamente bene,
quindi non avrai alcun problema con il prossimo passo da fare."***

Questo presuppone che la persona abbia già acconsentito a compiere anche il prossimo passo.

STORIE E CITAZIONI

L'abilità che forse più di tutte contraddistingueva Erickson era il suo modo di utilizzare storie e racconti. Le persone andavano da lui con un problema, e invece di fare qualcosa a riguardo (almeno in apparenza) Erickson raccontava loro una storia. Qualche giorno o settimana dopo, il problema spariva.

Invece di dire "Fai questo" o "Fai quello" (anche se era ben capace di dare ordini quando il caso lo richiedeva), Erickson piantava dei semi che sarebbero poi cresciuti nelle menti dei suoi assistiti. Il punto fondamentale dell'utilizzare storie, ovviamente, è quello di arrivare direttamente alla mente inconscia e scavalcare le resistenze della mente conscia. Le storie non possono quindi essere troppo esplicite.

Di solito i clienti di Erickson erano in trance quando sentivano le sue storie, e queste assumevano di conseguenza un significato più intenso. Anche con una persona in un "normale stato di veglia", comunque, l'uso studiato di storie e racconti può produrre risultati potenti. Le storie adeguate:

- *intrattengono e catturano l'attenzione della persona*
- *aggirano le sue resistenze perché non vengono percepite come un attacco o una minaccia*
- *permettono all'altra persona di dedurne da sola il significato*

- *continuano ad avere effetto a tempo indeterminato*
- *si ricordano e rimangono in mente più facilmente e più a lungo di una affermazione diretta*

Se sei sempre stato una persona piuttosto diretta, inizialmente potresti fare fatica a trovare o inventarti aneddoti adatti alle circostanze. Se ci lavori, però, con il tempo puoi costruirti un personale repertorio e avere così un aneddoto pronto per ogni occasione. Ti sarà di aiuto pensare in termini di esperienze universali, che possono valere pressoché per chiunque.

Erickson era un maestro in queste cose. Quando una donna lo consultò per un problema di acufene, le raccontò la storia di una volta in cui aveva dormito sul pavimento di una fabbrica rumorosa, e di come inizialmente non riusciva a capire niente di quello che le persone dicevano ma poi, il mattino dopo, riusciva a sentire chiaramente tutti perché la sua mente, per così dire, aveva escluso i suoni della fabbrica. Il senso della storia era ovviamente che anche la donna poteva in modo simile imparare a escludere dalla mente il suono dell'acufene. Allo stesso modo, nel caso già accennato di una donna con gravi dolori nervosi, Erickson raccontò di come chi lavora con le mani sviluppa dei calli. Instillò così l'idea che un nervo sovrautilizzato potesse a sua volta desensibilizzarsi. In entrambi questi casi, le pazienti erano desiderose di cambiare ed erano in trance, perciò non era importante che le storie fossero piuttosto ovvie. Ma se hai a che fare, ad esempio, con un adolescente ribelle, i tuoi racconti devono essere più sottili.

Esaminiamo una applicazione pratica. Poniamo che tuo figlio adolescente non studi. Costruisci allora una piccola storia che racconterai a qualcuno, sapendo che anche tuo figlio può sentirti:

> ***"Oggi ho incontrato Joe Brown. È davvero preoccupato per suo figlio Harry, perché sembra che sia un vero magnete per le ragazze. Pare che vogliano tutte uscire con un buon partito: prende voti altissimi in tutte le materie, e questo alle ragazze piace..."***

E via così. Potresti di tanto in tanto abbassare la voce, come per far notare che non vuoi essere sentito. Di solito l'inconscio presta particolare attenzione alle cose dette a bassa voce.

L'INTUIZIONE

Nel gestire e affrontare una situazione in cui incontrare resistenza è pressoché inevitabile (ad esempio quando si ha a che fare con i propri figli), è in generale meglio non utilizzare se stessi come soggetto della storia, ma utilizzare qualcun altro. Può essere d'aiuto citare qualcuno. Ad esempio, potresti dire "Un uomo molto ricco una volta mi ha detto: 'Il denaro non mi ha mai reso più felice...'".

Se non sei convinto del potere delle storie e dei racconti, ripensa a tutto ciò che ha dato forma al tuo modo di vedere le cose. Ad esempio, che dire della storia di Robin Hood, che derubava i ricchi per dare ai poveri? Ha formato il tuo punto di vista in qualche modo? O magari delle storie reali di eroismo, successo o sacrifico? E ovviamente le parabole raccontate da Gesù hanno avuto un immenso effetto sulla cultura occidentale. Ci sono interi libri di storie di Erickson (vedi *Per approfondire*) che potresti consultare come punto di partenza. Eccone degli assaggi che potranno esserti di ispirazione.

DIVENTARE MOTIVATI A IMPARARE

Erickson parlava di come i bambini piccoli pian piano imparano a camminare, senza mai arrendersi nonostante la complessità dell'atto di coordinare i muscoli per riuscire a restare in equilibrio e muoversi. Oppure raccontava storie su come, con sforzi indefessi, i bambini imparano l'alfabeto e a leggere e scrivere.

CONFIDARE NELL'INCONSCIO

Erickson era solito raccontare di come non avesse imparato a parlare fino all'età di quattro anni. Tuttavia sua sorella, che aveva due anni di meno, già parlava "...e continua a parlare, ma non ha detto niente". La madre di

Erickson non era minimamente preoccupata, convinta che Milton avrebbe parlato "quando sarebbe venuto il momento". Il senso della storia è che si può confidare nel fatto che l'inconscio fornirà la risposta adatta al momento adatto.

In altre occasioni Erickson raccontava di come da giovane aveva venduto libri per pagarsi gli studi universitari. Un giorno, mentre cercava di convincere un contadino a comprare, il giovane Erickson cominciò *inconsciamente* a grattare la schiena dei maiali del contadino: questi, che aveva fino a quel momento escluso di comprare alcunché, ne fu talmente contento che cambiò idea. "Ti piacciono i verri", disse, "Sai grattarli come piace a loro".

Una terza storia riguardava uno studente universitario che aveva previsto correttamente le dieci domande che sarebbero comparse nell'esame finale notando la particolare intonazione usata dal professore mentre parlava delle cose che considerava più importanti.

STABILIRE RAPPORT

La storia del contadino e dei maiali è anche una storia sul rapport che Erickson riuscì a stabilire facendo le cose come piacevano al contadino.

ESPANDERE GLI ORIZZONTI

Erickson chiedeva ai pazienti di descrivere tutti i modi possibili per passare dalla stanza in cui erano a quella adiacente. Quelli ne tiravano fuori svariati, camminando, saltando, saltellando, saltando su un piede solo alla volta alternativamente e via dicendo, ma Erickson riusciva sempre a trovarne altri a cui i pazienti non avevano pensato, come ad esempio camminando al contrario, o andando all'aeroporto, facendo il giro del mondo in aereo, ritornando alla casa, entrando dalla porta sul retro e poi nella stanza accanto. Il punto, ovviamente, era quello di mostrare che si può sempre trovare un altro modo di fare le cose se si pensa in modo creativo.

DIPENDENZE

Erickson era stato consultato da un alcolista i cui nonni a loro volta avevano un problema con il bere. Erickson gli disse di andare al giardino botanico e "...ammirare i cactus, che possono sopravvivere per anni senza acqua, senza pioggia... e fare comunque una quantità di cose". La suggestione funzionò, come confermò poi anni dopo la figlia dell'uomo.

COME FORMULARE E DIRE LE COSE

Il ritmo a cui parli, e il modo in cui separi gruppi di parole con delle pause, sono fondamentali per i tuoi poteri di persuasione. La maggior parte di noi parla troppo rapidamente. Se pensi ai politici alle cui parole dai peso (anche se non necessariamente concordi con loro), saranno probabilmente persone che parlano lentamente e usano molte pause. Viene subito alla mente l'esempio di Barack Obama. Come abbiamo già visto, le lunghe pause sono un segnale di dominanza. E le parole dette lentamente danno l'impressione di essere ben considerate e importanti, anche se non lo sono. Ma c'è un altro aspetto di come si formulano e dicono le cose: l'effetto ipnotico che può derivarne. Quando sei vicino a una persona, sincronizzare il ritmo della tua parlata con quello del suo respiro può essere una cosa molto potente.

Confronta questa frase con la prima del paragrafo sopra, ad esempio:

> ***Il ritmo... a cui parli... e il modo... in cui separi... gruppi di parole... con delle pause... sono fondamentali... per i tuoi poteri... di persuasione.***

Noti la differenza?

ADESSO TOCCA A TE

Chiedi a un amico di aiutarti. Prova a parlargli in questo nuovo modo, poi chiedigli di parlarti a sua volta così. Infine discutete degli effetti della cosa.

ORIENTAMENTO MOTIVAZIONALE

Abbiamo già incontrato nel Capitolo 5 l'orientamento motivazionale per quanto riguarda te. È quello che in PNL viene chiamato "Meta-programma" e vale anche per le altre persone. Giusto per ricordarti, la direzione motivazionale è un altro modo di esprimere i proverbiali "bastone e carota". Alcune persone sembrano rispondere di più ai bastoni, altre alle carote. La PNL considera la cosa in termini di essere motivati ad andare "via da" le cose che sono negative e spiacevoli, oppure essere motivati ad andare "verso" le cose che sono gratificanti e piacevoli.

Se vuoi incoraggiare una persona hai bisogno di conoscere la sua direzione motivazionale. In termini generali:

- *le persone "verso" sono alimentate da obiettivi e piani per il futuro e tendono a essere ambiziose, energiche e ottimiste. Le motivi utilizzando parole come: raggiungere, obiettivo, attrazione, arrivare, cima, traguardo*

- *le persone "via da" tendono a essere più attente a possibili problemi, e sono quindi più caute. Le motivi utilizzando parole come: evitare, superare, liberarsi, proteggersi e prevenire*

SFRUTTARE L'AMNESIA

Amnesia è una parola piuttosto spaventosa, ma in effetti significa semplicemente perdita di memoria. La maggior parte delle persone la associano all'aggettivo "totale", ma fortunatamente si tratta di un fenomeno molto raro. L'amnesia parziale è invece assai comune.

Probabilmente ti è capitato che qualcuno ti suggerisca un'idea che in realtà avevi suggerito tu alla stessa persona in precedenza. Per quanto tu protesti, la persona insiste che l'idea è sua e che non si ricorda che tu abbia mai detto niente del genere. È l'aspetto frustrante dell'amnesia parziale. Ma puoi anche sfruttare questo fenomeno a tuo favore, quando instilli deliberatamente un'idea che *speri* l'altra persona adotti con entusiasmo come propria.

L'amnesia parziale può funzionare a tuo vantaggio anche quando non vuoi che qualcuno rifletta troppo sulle cose e cambi magari idea o sviluppi delle resistenze in un secondo momento.

Ecco dunque un modo per incoraggiare l'amnesia parziale. Cambia argomento *immediatamente, non appena* hai instillato l'idea, e poi parla del nuovo argomento a ritmo veloce, dilungandoti e discutendone in modo dettagliato. L'idea instillata rimarrà nell'inconscio, mentre la mente conscia potrebbe scordarla.

10 COSE DA RICORDARE

1. *Prima di utilizzare il Milton Model considera le implicazioni di natura etica.*
2. *Se vuoi esercitare un'influenza positiva sulle persone devi prima instaurare rapport.*
3. *Ricalcare e rispecchiare sono potenti tecniche per instaurare rapport.*
4. *Calibrare significa osservare il linguaggio non verbale e associarlo agli stati mentali ed emotivi della persona: richiede lo sviluppo di una buona acuità sensoriale.*
5. *Puoi migliorare il tuo livello di acuità sensoriale tramite gli esercizi in questo capitolo.*
6. *Circa l'80% della comunicazione umana avviene in modo non verbale.*
7. *Il Milton Model è basato sulle tecniche per esprimersi in modo "abilmente vago" dell'ipnoterapeuta Milton Erickson.*
8. *Utilizzando un legame puoi mettere un'altra persona davanti a un ventaglio limitato di scelte, tutte a tuo vantaggio.*
9. *Storie e racconti possono spesso influenzare le persone in modo molto più potente delle affermazioni dirette.*
10. *Parlare lentamente e con pause a tempo con la respirazione dell'altra persona può dare maggior peso alle cose che dici.*

COME ME LA STO CAVANDO?

- *Hai lavorato sui vari esercizi per sviluppare acuità sensoriale?*
- *Hai identificato il linguaggio non verbale associato a "Sì" e "No" in almeno un'altra persona?*
- *Hai deliberatamente ricalcato e rispecchiato un'altra persona senza che quella se ne accorgesse a livello conscio?*
- *Sei riuscito a ricalcare e poi guidare con successo un'altra persona?*
- *Ti sei fermato prima di dire quello che stavi per dire, e lo hai invece riformulato sotto forma di domanda?*
- *Hai usato una presupposizione o un legame su qualcuno?*
- *Hai raccontato a qualcuno una storia ad hoc, invece di dare un'istruzione diretta?*
- *Hai provato a coordinare il tuo eloquio con il ritmo della respirazione del tuo interlocutore?*
- *Hai individuato la direzione motivazionale delle persone attorno a te, a casa o al lavoro?*
- *Sei riuscito a indurre amnesia parziale in qualcuno?*

Le tecniche descritte in questo capitolo non si possono padroneggiare alla perfezione in poche ore, ma punta a rispondere "Sì" ad almeno sei delle domande qui sopra entro due settimane. Per far funzionare le tecniche dovrai esercitarti quotidianamente. Mentre lo fai, tieni a mente le seguenti presupposizioni di PNL:

Il significato della tua comunicazione
è la risposta e la reazione che ottieni.
Se quello che stai facendo non funziona, fai qualcos'altro.

CAPITOLO

8

Trasforma la tua vita amorosa

In questo capitolo imparerai:

- **come tu e la tua/il tuo partner potete essere i protagonisti di un film romantico**
- **come puoi recuperare il romanticismo e l'amore del primo periodo**
- **come evitare litigi o superarli rapidamente**
- **come sviluppare più sicurezza di te e abilità nel fare l'amore**
- **come superare la rottura con una persona**

Alla base di ogni comportamento vi è un'intenzione positiva
Presupposizione di PNL

Sei innamorato? Vuoi rimanere innamorato? Vuoi innamorarti di nuovo? Vuoi aumentare l'amore che provi? Vuoi essere un amante migliore? La PNL può aiutarti a fare tutte queste cose.

COME AUMENTARE QUEI SENTIMENTI DI AMORE

Ricordi quando hai incontrato per la prima volta la tua/il tuo partner? Quando hai cominciato per la prima volta a provare qualcosa di speciale? Il vostro primo bacio? La prima volta che avete fatto l'amore? Il vostro primo viaggio insieme? Quando siete andati a vivere sotto lo stesso tetto? Quando ci ripensi, è un film, vero? Una storia romantica. Allora, anziché guardare la televisione, perché non ti metti comodo e dentro la tua testa ti godi il film in cui *voi due* siete i protagonisti? Intitoliamolo *Storia d'amore.* Quando avrai finito di guardarlo, sarai investito da sensazioni e sentimenti di amore.

ADESSO TOCCA A TE

Fase 1: Scegli cinque diverse scene romantiche dalla vostra vita insieme.

Fase 2: Nel ruolo di regista del film, considera quali caratteristiche ("submodalità") potresti cambiare per massimizzare l'impatto romantico di ciascuna scena. Ci sono possibilità di ogni tipo. Ad esempio, potresti utilizzare svariate inquadrature diverse, usando quelli che in PNL abbiamo chiamato punti di vista multipli. Puoi mostrare le cose attraverso i tuoi stessi occhi (prima posizione) e attraverso quelli dell'altra persona (seconda posizione). E puoi avere una terza inquadratura che vi mostra entrambi come vi avrebbe visti un osservatore (terza posizione). E che ne diresti di una sequenza al rallentatore con sottofondo di musica romantica? E un primo piano di quel primo bacio? Magari una leggera sfocatura e luci basse e di atmosfera? E ovviamente, una scena in camera da letto. Al giorno d'oggi tutti i film romantici hanno almeno una scena in camera da letto (considereremo più avanti l'argomento nel dettaglio).

Fase 3: Una volta che sarai soddisfatto delle tue cinque scene, proiettale in sequenza l'una dopo l'altra creando il tuo film. Poi proiettale un po' più velocemente. E poi ancora di più.

Fase 4: A questo punto dovresti essere pieno di sensazioni calde e amorevoli per la tua/il tuo partner. Vai e condividile con lei/lui.

"Proiettare" il vostro film romantico è una cosa che dovresti fare regolarmente. Fanne un'abitudine almeno una volta alla settimana, e il vostro amore diventerà più intenso.
Per mantenere le cose interessanti, fai delle variazioni; con il passare del tempo potrai aggiungere nuove scene.

IL CERCHIO DELL'AMORE

Indipendentemente da quanto tu esprimi il tuo amore per la tua/il tuo partner, puoi sempre esprimerlo di più. Non è solo questione di cosa *dici* di tanto in tanto, né di cosa *doni* a volte, né di cosa *fai* occasionalmente. Si tratta di percepire e irradiare il tuo amore sempre quando siete insieme. Questa tecnica, che chiamerò il Cerchio dell'Amore, è basata sugli stessi principi del Cerchio della Fiducia in Se Stessi, che già conosci.

Fase 1: Cerca tra i tuoi ricordi una situazione passata in cui ti sei sentito traboccante di amore. Rivivi quel momento, vedendo, sentendo e percependo le cose nella maniera più dettagliata possibile. Nota in particolare il tuo aspetto e come trasudavi amore da tutti i pori. Accentua le submodalità associate all'amore. Amplifica le sensazioni facendole girare.

Fase 2: Immagina un cerchio sul pavimento. Prendi l'amore che hai percepito in quell'occasione e riversalo al suo interno. Immediatamente il cerchio assume un colore, il colore che per te è quello dell'amore. Potrebbe anche esserci della musica romantica.

Fase 3: Ci sono altre qualità di cui avrai bisogno? Magari tenerezza? Empatia? Se sì, ripeti la procedura riversando anche quelle qualità nel tuo cerchio.

Fase 4: Rivolgi i tuoi pensieri a tutte le occasioni future in cui vorrai percepire quelle qualità. Scegli un segnale di innesco. Ad esempio vedere arrivare la tua/il tuo partner, oppure risvegliarti accanto a lei/lui.

Fase 5: Tenendo a mente quel segnale di innesco, entra nel cerchio e visualizza tutte quelle qualità che da esso emanano permeandoti e irradiandosi da te.

Fase 6: Ricalca nel futuro. Visualizza il futuro che si dipana a partire da quel momento in cui scatta il segnale. Guardati mentre ti comporti con amore e con tutte le altre qualità che hai selezionato per il tuo Cerchio dell'Amore.

Quando arriva il momento nella realtà, visualizza il cerchio sul pavimento ed entra al suo interno. Ora esprimi tutto quell'amore alla persona.

COME ERAVAMO

A volte ci si allontana gradualmente, nei mesi e negli anni. E poi arriva un punto in cui pensi a come *eravate* una volta e vorresti che tutto tornasse così.

A questo punto dovresti avere familiarità con lo Swish, la procedura per creare un'emozione con un'immagine e poi rapidamente sostituirne una nuova che acquisisce la stessa carica emotiva della prima. Qui la utilizzeremo per risvegliare le emozioni che avevate ma che forse si sono affievolite con il tempo.

Cerca un posto comodo e tranquillo per l'esercizio di Swish che segue.

Fase 1: Pensa a un periodo in cui tu e l'altra persona eravate follemente felici insieme. Da quel periodo seleziona un'immagine dell'altra persona che ti faceva sentire traboccante di amore.

Fase 2: Goditi profondamente quelle emozioni di amore. Amplifica tutte le submodalità associate all'amore. Fai girare le sensazioni portandole al massimo: vedi, senti, tocca, gusta e odora tutto.

Fase 3: Richiama un'immagine dell'altra persona oggi, e immediatamente fai Swish portandola dov'era l'immagine precedente e mantenendo tutte le submodalità e le emozioni associate.

Fase 4: Ripeti le Fasi 1-3 una serie di volte, finché quelle emozioni e sensazioni di amore di anni addietro saranno fermamente associate all'altra persona oggi.

MODELLARE ALTRE COPPIE

A volte sembra di non riuscire proprio a trovare le risposte, né dentro di sé né dentro l'altra persona. Allora magari è il momento di vedere come fanno le altre coppie: in altre parole si può ricorrere al modellamento. Se hai bisogno di rinfrescarti la memoria sul modellamento, vai a rivedere il Capitolo 3.

Ovviamente è pressoché impossibile sapere tutto su come altre due persone si comportano insieme, ma questo non esclude il modellamento come tecnica utile nella vostra vita amorosa. In realtà, che ne siate consci o meno, avrete sicuramente già modellato qualcuno. Ad esempio, avrai probabilmente modellato il modo in cui si ponevano in relazione i tuoi genitori mentre crescevi.

Quello che hai fatto con i tuoi modelli è dipeso da te. Potresti averli copiati inconsciamente, o potresti aver consciamente deciso di comportarti nel modo opposto; ma per la maggior parte di noi la relazione dei nostri genitori è il punto di partenza.

Adesso, in quanto adulto, puoi scegliere chi modellare. Conosci qualcuno di cui ammiri la vita amorosa? Pensaci molto attentamente. Gli uomini hanno la tendenza a concentrarsi sulle abilità dei seduttori, ma avere un grande numero di relazioni non è necessariamente un successo.

Cerca di trascorrere del tempo con la persona che hai scelto e con il suo/la sua partner. Come al solito quando fai modellamento, inizialmente non porre domande. Assorbi solo il modo in cui interagiscono. Le cose che dicono e non dicono. I gesti che fanno e non fanno. I modi in cui gestiscono e affrontano potenziali conflitti.

Una volta che avrai assorbito il loro modo di essere, poniti questo tipo di domande:

- *sono felici insieme quanto credevo?*
- *quante ore al giorno sono felici insieme?*
- *con quale frequenza si rendono infelici?*
- *qual è l'equilibrio tra felicità e infelicità in questa relazione?*

- *cosa fanno di diverso?*
- *cosa dovrei copiare?*
- *cosa potrei fare meglio?*
- *quanta felicità in più potrei creare nella mia relazione?*

Poi fai *a loro* delle domande, come:

- *quali tecniche utilizzate per mantenere il vostro amore?*
- *quanto tempo volete a) stare insieme; b) stare con gli amici; c) stare per conto vostro?*
- *quanta importanza ha esprimere il vostro amore verbalmente e fisicamente?*
- *come gestite e affrontate i conflitti?*

Auspicabilmente saranno aperti e onesti nelle loro risposte. Ovviamente quello che funziona per un'altra coppia non necessariamente funzionerà anche per voi, ma ci sono sempre lezioni utili da cogliere.
La fase di sottrazione di elementi dal modello pone delle potenziali difficoltà. La tua/il tuo partner quasi certamente reagirà con confusione e fastidio se il tuo comportamento è soggetto a cambiamenti improvvisi e apparentemente bizzarri. Questo è dunque un processo che potete fare solo *insieme*.

AFFRONTARE E GESTIRE I LITIGI

Dunque avete litigato. La prima cosa che dovresti ricordare è questa presupposizione della PNL:

Alla base di ogni comportamento vi è un'intenzione positiva.

Qualunque sia l'argomento del litigio, l'altra persona aveva un'intenzione positiva, e sarebbe d'aiuto scoprire di cosa si trattava.
Quando si litiga, molte persone se la prendono, e utilizzano spontaneamente, senza saperlo, una tecnica di PNL... ma per peggiorare la situazione anziché migliorarla. Quello che molti di noi fanno è pensare a tutte le occasioni precedenti in cui l'altra persona ha fatto altre cose che ci hanno infastidito. Le colleghiamo in un filmato continuo che ci trasmette sempre più rabbia e fastidio. È una pessima idea se volete che la vostra relazione proceda (ma ottima quando invece una relazione finisce, vedi *Lasciarsi non è così difficile* a pag. 233). Molto meglio utilizzare la tecnica della *Storia d'amore* descritta in precedenza, e fare un filmato di tutti i bei momenti.

L'INTUIZIONE

Se sei veramente arrabbiato, potresti non avere nemmeno voglia di pensare ai momenti belli. Ti raccomando per questo di prendere nota di tutte quelle scene meravigliose *in questo preciso momento*. Utilizza un cartoncino e mettilo al sicuro nel tuo portafoglio, in un posto dove puoi recuperarlo facilmente. Quando avrete avuto un litigio, tira fuori il cartoncino e leggilo, facendo del tuo meglio per visualizzare quei bei momenti nel modo più vivido possibile.

UTILIZZARE PUNTI DI VISTA DIFFERENTI

Quando c'è disaccordo, la reazione immediata di tutti è quella di vedere la situazione dal proprio punto di vista. È del tutto normale, ma non dovresti mai limitarti a questo. Cambia sempre il tuo punto di vista (vedi Capitolo 2).

In altre parole, immagina di entrare nel corpo dell'altra persona (seconda posizione) e di vedere la situazione dal suo punto di vista. Produci empatia, cerca di sentire quello che sente.
Poi prova la terza posizione. Immagina dunque di prendere le distanze e di vedervi entrambi da fuori. Come sembri? Poco ragionevole? Magari un po' ridicolo? Addirittura buffo? Se fossi un osservatore esterno, cosa faresti? Forse diresti "Avanti, voi due, baciatevi e fate la pace".

RISTABILIRE RAPPORT

Dopo un litigio, sembra spesso di perdere rapport con l'altra persona. In qualche modo non siete più capaci di entrare in sintonia con i pensieri l'uno dell'altra. I vostri movimenti non sono più sincronizzati. Manca la simmetria. Tutto va a scatti. Non c'è più complicità.
Una delle cose che puoi fare per rimediare è utilizzare il ricalco e il rispecchiamento come descritto nel capitolo precedente. Visto che l'altra persona ti conosce molto bene, dovrai essere estremamente sottile. D'altro canto, l'essere "scoperto" potrebbe essere una buona occasione per farsi una bella risata insieme.

L'INTUIZIONE

Alcune persone pensano che i litigi vadano bene per "ripulire l'aria" e che siano un segno di passione. Ma potete "ripulire l'aria" senza bisogno di litigare. Dovrebbe essere piuttosto ovvio che si diventa sempre più bravi a fare quello che si pratica spesso. Più litigate, e più litigherete. Impegnatevi dunque ad andare d'accordo e discutete le vostre divergenze di opinione in modo calmo e rispettoso dei punti di vista di entrambi.

IL GENERATORE DI COMPORTAMENTI ROMANTICI

Ti comporti sempre esattamente come vorresti con la persona che ami? Ovviamente no: sarebbe chiedere l'impossibile. Questo adattamento del Generatore di Nuovi Comportamenti descritto nel Capitolo 5 può però essere d'aiuto.

ADESSO TOCCA A TE

Questo è un ottimo modo di installare nuovi comportamenti. Lo si può usare per tutto: dall'aumentare il proprio livello di empatia alle nuove tecniche per fare l'amore. In questo esempio, diciamo che tu desideri comportarti diversamente quando vieni criticato. Al momento la tua reazione è quella di isolarti, mentre ti lecchi le ferite e ponderi la cosa. Ti rendi conto che questo peggiora inutilmente la situazione, ma trovi difficile cambiare.

Fase 1: Identifica il vecchio comportamento che vorresti alterare. In questo esempio è il fatto di prendersela.

Fase 2: Identifica il nuovo comportamento che vorresti avere. Ad esempio, discutere la questione con buonumore e senza offenderti, così entrambi potrete sentirvi bene dopo.

Fase 3: Sei il regista di un film di cui sei anche il protagonista. In qualità di regista, comunica a te stesso le istruzioni riguardo a come dovresti comportarti. Guardati mentre esibisci il nuovo comportamento. Nel tuo ruolo di regista, apporta tutte le correzioni o i cambiamenti che ritieni necessari.

Fase 4: Una volta che sarai soddisfatto, entra nel filmato ed esperisci in prima persona com'è comportarsi in questo nuovo modo, vedendo le cose attraverso i tuoi occhi di protagonista. Non limitarti a vedere, ovviamente, ma senti e percepisci tutto anche con gli altri sensi (in altre parole sei passato ora dalla terza alla prima posizione, da dissociato ad associato). Nota la reazione dell'altra persona. È così che vuoi che siano le cose?

Fase 5: Passa alla seconda posizione. Vedi dunque l'intera scena dal punto di vista dell'altra persona. È quello che vorrebbe anche lei?

Fase 6: Controlla anche che questo nuovo comportamento sia veramente adatto a te.

Fase 7: Se non sei soddisfatto di qualsiasi cosa, ritorna al tuo ruolo di regista, apporta i cambiamenti necessari e ripeti le Fasi 3-6.

Fase 8: Fai un ricalco nel futuro. Visualizza una situazione ventura in cui vorrai comportarti in questo nuovo modo. Cerca un segnale da usare per innescare in modo automatico il nuovo comportamento. In questo esempio, potrebbe essere la persona amata ad apparire arrabbiata, a gridare o piangere. Immagina di vedere o udire il segnale e di adattare immediatamente il nuovo comportamento. Proietta questo "film" il numero necessario di volte, finché il nuovo comportamento ti verrà naturale.

Fase 9: Utilizza il nuovo comportamento in una situazione reale.

MIGLIORARE LA TUA VITA SESSUALE

Le ancore, come abbiamo visto, sono una normale parte della nostra esperienza quotidiana, che include anche le nostre vite amorose. In realtà si danno le ancore talmente per scontate, che quando si tratta di amore e sesso la maggior parte delle persone troverebbe probabilmente difficile accettare che *si tratta in effetti* di ancore.

Prendi ad esempio le candele. La maggior parte delle persone direbbe che sono una cosa romantica (inoltre la luce soffusa fa dilatare le pupille, come abbiamo visto nel capitolo precedente), ma non vi è nulla di intrinsecamente sensuale in un bastoncino di cera con uno stoppino che brucia. Prima dell'avvento della luce elettrica, le candele erano una cosa normale quanto lo sono oggi le lampadine. Non vi è parimenti nulla di intrinsecamente romantico nello champagne o nelle ostriche. Ma se stasera, arrivando a casa, trovi una tavola a lume di candela, una bottiglia di champagne in un cestello pieno di ghiaccio e un piatto di ostriche, riterrai con ogni probabilità che l'atmosfera sia romantica.

L'INTUIZIONE

Alcuni feticci sono semplicemente esempi di ancore divenute talmente "efficaci" che il feticista non riesce a funzionare se non in loro presenza. Ad esempio, ci sono uomini (gli uomini sono più soggetti delle donne a questi fenomeni) che non riescono a eccitarsi se le loro donne non portano tacchi alti, calze a rete o indumenti di lattice.

SCOPRIRE LE ANCORE DELL'ALTRA PERSONA

Tra un attimo vedremo come creare ancore per sesso e momenti romantici. Prima di farlo, però, sarebbe una buona idea scoprire le ancore che già esistono per l'altra persona. Ne avrà sicuramente svariate, alcune del tutto prevedibili e altre molto più personali, di cui magari sei all'oscuro.

ADESSO TOCCA A TE

Fanne un piccolo gioco con la tua/il tuo partner. Scrivete entrambi una lista di dieci cose che vi fanno sentire romantici, e di dieci che vi fanno eccitare. A turno provate a indovinare quali sono le ancore dell'altra persona. Chi ne indovina di più vince (e il premio lo potete decidere voi).

CREARE NUOVE ANCORE

Nel Capitolo 5 abbiamo imparato la tecnica di PNL per creare ancore. Quando si tratta di sensazioni romantiche e di sesso possiamo però installarle in modo più naturale. Finché alle stesse cose seguiranno sempre momenti romantici e (se volete) sesso, con il tempo queste cose diventeranno ancore. Più spesso alle ancore seguono momenti romantici (e sesso), più potenti esse diventano. Può quindi essere una buona idea avere una certa routine. Non *tutto* deve essere routine, ovviamente, ma solo quei determinati elementi.

Ecco alcuni suggerimenti:

- *cinestesico: il calore di un caminetto acceso, mordicchiare un orecchio, respirare sul collo, massaggiare la testa o le spalle...*
- *visivo: un ammiccamento, un sopracciglio sollevato in un certo modo, la lingua passata sulle labbra, delle lenzuola particolari, una certa gonna corta, un certo tipo di biancheria intima, calze autoreggenti, nudità...*
- *olfattivo: un certo tipo di incenso, profumo o dopobarba...*
- *gustativo: asparagi, ostriche, una bottiglia di vino o di champagne: ma per fungere da ancora deve essere qualcosa di speciale, e deve essere servito in modo speciale...*
- *auditivo: speciali nomignoli utilizzati solo in circostanze romantiche, una musica particolare messa solo per occasioni romantiche...*

L'INTUIZIONE

La musica usata per i momenti romantici e per il sesso non dovrebbe essere usata in altre circostanze, se non si vuole che perda il proprio potere come ancora. Può essere divertente canticchiare pezzi della "vostra musica" con finta noncuranza e sottovoce. Probabilmente anche l'altra persona si troverà presto a canticchiarla o a immaginarla mentalmente. Questo, a sua volta, la metterà dell'umore giusto, magari senza che se ne renda neanche conto.

AGGIUNGERE ZONE EROGENE

Visto che il corpo umano è ben dotato di zone erogene, ha veramente senso crearne ulteriori? Ebbene, sì: un poco di varietà nelle tecniche dell'amore non guasta mai. E poi è divertente.

Ecco dunque un modo per aggiungere zone erogene dell'altra persona (o per potenziare quelle che già esistono). A tutti gli effetti si tratta di creare ancore cinestesiche. Puoi utilizzare la stessa procedura anche su te stesso.

L'INTUIZIONE

La tua/il tuo partner potrebbe essere guardingo rispetto all'idea di stabilire ancore che riguardano reazioni sessuali. Ma in realtà le ancore non possono costringere nessuno a fare qualcosa contro la propria volontà. Per usare ancora una volta la metafora automobilistica, portare il piede sul freno quando si vedono le luci degli stop di una vettura è una reazione automatica, ma si ha sempre l'opzione di "interrompere manualmente la procedura": se la situazione lo richiede puoi invece cambiare traiettoria e accelerare. Lo stesso vale per le "ancore sessuali".

ADESSO TOCCA A TE

Fase 1: Identifica un'area che vuoi "rendere erogena". È di aiuto scegliere una zona già dotata in una qualche misura di particolare sensibilità.

Fase 2: Stimola la zona più erogena dell'altra persona fino a che diventa moderatamente eccitata.

Fase 3: Stimola la nuova zona che vuoi "rendere erogena" .

Fase 4: Stimola immediatamente di nuovo la zona più erogena della persona.

Fase 5: Continua così, alternando le due zone, stimolando ritmicamente ciascuna per tre volte, finché l'altra persona riferisce che la nuova zona sta cominciando a generare sensazioni piacevoli.

In generale gli amanti tendono ad andare direttamente sulla zona più erogena, oppure a passarle tutte *a turno* una dopo l'altra, dalla meno erogena alla più erogena. Questa tecnica ha un effetto speciale proprio perché *alterna* tra la zona più erogena e altre che lo sono meno. È in realtà possibile, se si ha il tempo di farlo, rendere in questo modo erogeno l'intero corpo della persona, almeno per qualche tempo.

L'INTUIZIONE

Inizialmente l'ancora cinestesica funziona a livello puramente psicologico, e per questo può essere installata piuttosto rapidamente. Tuttavia, se continui a stimolarla in questo modo ogni volta che fai l'amore, alla fine si potrà sviluppare un'effettiva reazione fisiologica determinata dall'aumentare del flusso sanguigno e dalla proliferazione delle terminazioni nervose.

Puoi aumentare l'effetto chiedendo all'altra persona di fare uno Swish di immagini al momento adatto, visualizzando prima la zona più erogena e poi bruscamente sostituendo l'immagine a quella della nuova zona. Le sensazioni associate alla prima saranno collegate alla seconda.

GESTIRE E AFFRONTARE L'ANSIA DA PRESTAZIONE

L'ansia riguardo alle prestazioni sessuali, piuttosto normale all'inizio di una relazione, può riemergere anche in altri momenti. Quando si presenta può avere effetti alquanto devastanti, perché l'ansia porta automaticamente a una riduzione del flusso sanguigno proprio dove servirebbe. Le donne possono almeno nasconderlo, ma per gli uomini l'effetto è ineluttabilmente evidente. Quando hai un problema di questo tipo discuterne con l'altra persona è sempre la cosa migliore. Qui partiremo tuttavia dal presupposto che tu, almeno per il momento, stia affrontando il problema da solo. Una semplice visualizzazione può essere di aiuto.

ADESSO TOCCA A TE

Fase 1: Visualizza con gli occhi della mente la tua/il tuo partner pronto a fare sesso con te.

Fase 2: Visualizza la scena che si svolge *molto lentamente*. Immagina di essere completamente rilassato mentre vedi, senti, tocchi, gusti e odori tutto. Vedi l'altra persona eccitarsi sempre più, e osservati reagire esattamente nel modo in cui vorresti. Non permettere ad alcun pensiero negativo o dubbio di penetrare nella tua mente mentre lo fai.

Fase 3: Ottimizza le submodalità per aumentare l'impatto. Ad esempio, potresti allargare l'inquadratura sui dettagli che trovi più eccitanti, oppure creare immagini multiple.

Fase 4: Ripeti questa visualizzazione regolarmente, e subito prima di fare l'amore.

Potresti anche provare a stabilire delle ancore. Come di consueto, è meglio avere tre diversi tipi di ancore: una visiva, una auditiva e una cinestesica. In questo caso devono essere tutte sottoposte al tuo controllo, sia nel momento in cui le stabilisci sia quando viene il momento di attivarle.

ADESSO TOCCA A TE

Fase 1: Visualizza con gli occhi della mente un'occasione del passato in cui hai fatto del sesso fantastico con l'altra persona.

Fase 2: Fai aumentare la tua eccitazione.

Fase 3: Un attimo *prima* che l'eccitazione raggiunga il picco, stabilisci le tue ancore.

Fase 4: Crea un'interruzione di stato pensando a qualcosa di completamente non sessuale.

Fase 5: Ripeti le Fasi 1-4 tante volte quanto serve.

Fase 6: Attiva le ancore per vedere cosa succede. Se ti ecciti, la procedura ha avuto successo. In caso contrario, continua a ripeterla per altri giorni.

Fase 7: Una volta che le ancore saranno stabilite e funzionanti, fai un ricalco nel futuro visualizzando scene in cui, quando sei con l'altra persona, attivi con successo le ancore.

Fase 8: Fai sesso con l'altra persona utilizzando le ancore.

AUTOIPNOSI PER L'ANSIA DA PRESTAZIONE

Puoi usare il metodo Betty Erickson per l'autoipnosi anche per aiutarti a superare l'ansia da prestazione e fare l'amore con maggiore sicurezza. Se non ricordi come fare per autoindurti la trance, fai riferimento al Capitolo 1. Quando affermi lo scopo della seduta autoipnotica (Fase 3) pronuncia qualcosa come "Sto entrando in una trance al fine di permettere alla mia mente inconscia di apportare le modifiche che mi aiuteranno a sentirmi più sicuro nel fare l'amore". Quando arrivi alla visualizzazione (Fasi 5f e 5g), immagina una scena in cui ti stai comportando nel modo desiderato.

LASCIARSI NON È COSÌ DIFFICILE

La PNL ti può aiutare a migliorare la tua relazione, ma non ha assolutamente alcun senso utilizzare la PNL o qualsiasi altro metodo per cercare di convincerti che è una buona idea restare insieme anche se si è incompatibili. Alcune relazioni devono giungere a un termine ma, quando questo accade, per una delle due persone è spesso difficile accettare la situazione.
Cosa dovresti fare se sei stato "scaricato" e non riesci a venirne fuori? Ecco una tecnica che può aiutarti. È l'opposto della tecnica della *Storia d'amore* descritta in precedenza. La chiamo la *Storia dell'addio.*

ADESSO TOCCA A TE

Fase 1: Invece di far aumentare il malessere pensando a tutte le cose belle associate alla persona che ti ha scaricato, pensa alle cose *brutte.* Ce ne sono state senz'altro. Pensa all'aspetto della persona appena sveglia al mattino. Pensa alle caratteristiche fisiche peggiori: i rotolini di grasso, le rughe sul collo, la carne flaccida, qualsiasi cosa. Pensa alle volte in cui la persona ti ha deluso. Pensa alle cose peggiori che ti ha mai fatto. Continua così fino ad avere una "shit parade" dei cinque peggiori ricordi.

Fase 2: Analizza ciascuna delle cinque scene come se fossi il regista di un film. Cosa potresti fare per aumentarne l'impatto? Sperimenta con le submodalità. Magari un primo piano delle borse sotto gli occhi? Magari un volume più alto per il ricordo di quel litigio? Magari una colonna sonora che odi? Mettici tutto il tempo e l'impegno necessari: fai in modo di esperire ciascuna delle scene al massimo dell'intensità.

Fase 3: Una volta che sarai soddisfatto delle tue cinque scene, fanne un unico filmato che proietterai in sequenza, senza interruzione. Poi proietta ancora l'intero filmato, un po' più veloce. E poi ancora più veloce. E poi ancora.

Fase 4: Fai un ricalco nel futuro. Immagina di incontrare la tua ex (o il tuo ex) e di provare... *niente*. Decisamente né amore né desiderio, ma nemmeno rabbia o odio. Superare la fine di una relazione in questo modo non significa dover essere vendicativi. In realtà ti sentirai probabilmente molto più ragionevole a mano a mano che le emozioni che provi vanno scemando. Se non ti importa più molto, hai avuto successo. In caso contrario, ripeti l'intero esercizio quotidianamente, finché sarai "guarito".

L'INTUIZIONE

Creare visualizzazioni negative riguardo a una ex (o un ex) può essere uno strumento potente. Per avere un impatto ancora più intenso, crea anche visualizzazioni positive riguardo alla nuova persona che speri di incontrare: così avrai anche qualcosa per cui non vedere l'ora. Non rendere le visualizzazioni positive troppo specifiche (capelli biondi, lavoro ben pagato e cose del genere) o potresti privarti dell'opportunità di incontrare la persona giusta per te. Utilizza le visualizzazioni positive semplicemente come un modo per rimanere ottimista.

10 COSE DA RICORDARE

1. *Puoi aumentare i tuoi sentimenti di amore visualizzando cinque scene meravigliose tratte dalla vostra vita assieme, mettendole poi in sequenza per creare la vostra personale* Storia d'amore.
2. *Puoi aumentare l'amore che esprimi e provi, utilizzando il Cerchio dell'Amore.*
3. *La tecnica dello Swish può aiutarti a ricreare le sensazioni ed emozioni che provavi all'inizio della tua relazione.*
4. *Modellare coppie felici che stanno bene insieme ti insegnerà sempre qualcosa di utile.*
5. *Quando avete un disaccordo, non peggiorare le cose ricordando contrasti precedenti: cambia invece posizioni percettive e utilizza ricalco e rispecchiamento per ristabilire il rapport.*
6. *Il Generatore di Comportamenti Romantici può essere utilizzato per qualsiasi cosa, dall'essere più comprensivi all'essere amanti migliori.*
7. *Puoi aggiungere varietà alla tua vita amorosa creando nuove ancore che vi fanno sentire entrambi romantici o sexy.*
8. *Puoi aumentare la sensibilità delle zone erogene, o addirittura crearne di nuove, utilizzando lo Swish e le ancore.*
9. *L'ansia da prestazione si può superare utilizzando le ancore e l'autoipnosi.*
10. *La fine di una relazione può essere meno dolorosa se utilizzi la* Storia dell'addio.

COME ME LA STO CAVANDO?

- *Hai creato il film della vostra* Storia d'amore *utilizzando cinque scene?*
- *Hai creato un Cerchio dell'Amore?*
- *Hai utilizzato lo Swish e hai recuperato quella iniziale sensazione di "camminare sulle nuvole"?*
- *Hai modellato almeno un'altra coppia?*
- *Hai smesso di avere diverbi e poi prendertela?*
- *Sei riuscito a installare in te stesso almeno un nuovo comportamento romantico?*
- *Hai indovinato almeno dieci delle ancore romantiche e sessuali della tua/del tuo partner?*
- *Hai aggiunto almeno sei nuove ancore romantiche/sessuali a quelle già esistenti?*
- *Hai creato una nuova zona erogena in te e nell'altra persona?*
- *Ti senti più rilassato riguardo al fare l'amore?*

Se hai risposto "No" a quattro o più domande, rileggi le parti di questo capitolo che le riguardano e prova nuovamente le tecniche. L'amore è una cosa naturale, ma è anche un'abilità che può essere migliorata.

CAPITOLO

9

PNL e ipnosi

In questo capitolo imparerai:

- **cos'è veramente l'ipnosi**
- **come puoi ipnotizzare una persona**
- **come la PNL e l'ipnosi siano intimamente collegate**

Le persone hanno già tutte le risorse di cui hanno bisogno
Presupposizione di PNL

Quando Richard Bandler e John Grinder tenevano seminari insieme, uno dei due diceva "Tutta la comunicazione è ipnosi" e l'altro aggiungeva "L'ipnosi non esiste".

Ed entrambe le affermazioni erano, in modi diversi, corrette. Di cosa stiamo dunque *effettivamente* parlando quando parliamo di ipnosi?

IPNOSI DA PALCOSCENICO

Trattiamo in primo luogo l'ipnosi da palcoscenico, che è la cosa a partire dalla quale la maggior parte delle persone si forma idee preconcette. Il mentalista e uomo di spettacolo Derren Brown dice di non sapere nemmeno lui cosa sia l'ipnosi. Descrive quattro tipi di volontari:

- *quelli che, incoraggiati dall'ipnotista, fingono tutto*
- *quelli che, sotto pressione per via del contesto, fingono tutto*
- *quelli che, per il gusto di fare l'esperienza, ce la mettono tutta per essere ipnotizzati, ma sanno di poter interrompere la cosa quando vogliono*
- *quelli che si godono la licenza fornitagli dall'ipnotista per potersi comportare in modo fuori dal normale*

Noterai che nessuno dei quattro casi sembra essere "vera" ipnosi.

In realtà, personalmente penso di riuscire a ipnotizzare le persone molto facilmente. Ad esempio, di recente ero a una cena e ho chiesto a una persona di passarmi il sale. Ed ecco cos'è successo: la persona ha allungato la mano, ha preso la saliera e me l'ha passata.

Ora lascia che ti racconti di una volta in cui sono stato *io* a essere ipnotizzato. Un amico mi ha detto solo nove parole, e l'effetto è stato che per un anno mi sono comportato esattamente secondo quanto desiderava. Le parole erano: "Ti sfido a correre una maratona assieme a me". E ci è voluto un sacco di duro lavoro. Ciò che mi ha portato a fare quell'amico è molto, molto di più di quanto un ipnotista da palcoscenico sia mai riuscito a far fare a qualcuno.

Probabilmente adesso sei lì che fremi e dici che questi non sono esempi di ipnosi. Pensi che io sia ridicolo ad averlo anche solo suggerito. Nel caso del sale è semplicemente successo che ho fatto una richiesta del tutto ragionevole che l'altra persona è stata ben contenta di soddisfare. E per quello che riguarda la maratona, ovviamente dovevo già essere molto interessato e disposto a provarci.

Dunque, quando durante uno spettacolo l'ipnotista chiede a un volontario di mettersi a quattro zampe e abbaiare come un cane, perché tutti parlano di ipnosi?

In un certo senso, non è il volontario sul palco a essere stato ipnotizzato, ma il *pubblico*. Le persone del pubblico vedono qualcosa di perfettamente normale (ad esempio un uomo che si rilassa al punto di accasciarsi su una sedia) eppure sono convinte di aver visto qualcosa di quasi miracoloso. Poniamo che, anziché utilizzare tutti gli orpelli dell'ipnosi, lo showman sul palco dica semplicemente "Grazie per essere venuto sul palco. Per favore, adesso potresti saltellare su una gamba sola?". Con ogni probabilità la maggior parte delle persone lo farebbe.

La più importante abilità per l'ipnotista da palcoscenico non è l'ipnosi, ma la capacità di scegliere i volontari giusti tra il pubblico: sta nello scegliere le persone disposte a intrattenere le altre. Un semplice test prima di procedere è quello di chiedere ai volontari di protendere le mani in avanti, palmi verso l'alto, e di immaginare di avere palloncini di elio legati alla mano destra e pesi di piombo legati alla sinistra. Quelli le cui mani rimangono allo stesso livello sono meno suggestionabili di quelli le cui mani si alzano e abbassano.

Quello che l'"ipnosi" realizza in queste circostanze è dare alle persone *il permesso* di fare per un po' cose strane davanti a un pubblico, e di diventare quindi il centro dell'attenzione. Per molti è un'idea allettante.

Adesso vediamo invece cos'è l'ipnosi vera e propria.

L'IPNOSI REALE

Milton Erickson, la cui presenza ha caratterizzato così tante parti di questo volume, definiva l'ipnosi "il processo di evocare e utilizzare l'apprendimento inconscio".

In *Ipnoterapia,* Erickson e il coautore Ernest L. Rossi scrivono che il valore dell'ipnosi in psicoterapia sta nel fatto che aiuta specificamente le persone a "utilizzare le proprie associazioni mentali, i propri ricordi e il proprio potenziale" per raggiungere i propri "obiettivi terapeutici". Non ha niente a che vedere con il prendere il controllo della mente di qualcuno, fare il lavaggio del cervello o imporre idee, e non è certamente in grado di dare alle persone abilità che già non possiedono (soprattutto non cose paranormali o sovrumane). Quello che fa l'ipnosi è aiutare le persone a utilizzare "le abilità e il potenziale che già esistono dentro di loro... ma che rimangono inutilizzati o sottosviluppati".

È la filosofia alla base della presupposizione della PNL citata all'inizio del capitolo: il fatto che le persone hanno già le risorse di cui hanno bisogno.

Mi auguro che a questo punto tu stia già facendo regolarmente esperienza di stati di trance, utilizzando il metodo di Betty Erickson descritto nel Capitolo 1: in questo caso starai cominciando a comprendere sempre meglio cosa sia l'ipnosi. Saprai che la trance non è niente di straordinario: in effetti anche mentre leggi queste parole e sei quasi ignaro di cosa succede attorno a te, sei in uno stato di trance. Quando ti concentri per lanciare una palla, sei in uno stato di trance. Quando fai l'amore, sei in uno stato di trance.

E ti sei probabilmente anche reso ormai conto che molte tecniche di PNL sono a loro volta semplicemente forme di autoipnosi. La Tecnica Veloce per le Fobie, ad esempio, è un modo per indurre una trance: tutte le visualizzazioni, per definizione, sono stati di trance.

Secondo Erickson e Rossi "la trance terapeutica è un periodo durante il quale le limitazioni imposte dalle usuali convinzioni e cornici di referenza della persona sono temporaneamente alterate...".

In questo capitolo, dunque, tratteremo, per così dire, dell'ipnosi in modo esplicito, anziché sotto forma di PNL. La chiameremo con il suo nome e imparerai come ipnotizzare gli altri. Perché dovresti farlo? E perché dovrebbero lasciartelo fare? Be', ad esempio, tramite l'ipnosi potresti aiutare una persona a:

- *rilassarsi*
- *provare meno ansia*
- *dormire meglio*
- *ridurre il dolore*
- *avere più fiducia in sé riguardo a qualcosa*

Naturalmente ci sono anche altri modi di aiutare le persone ad affrontare questo tipo di questioni. Potresti dire a una persona ansiosa "Non ti preoccupare, andrà tutto bene". E molto spesso sarà di conforto. Ma si può anche arrivare a un punto in cui la mente conscia non riesce più a vedere una via d'uscita. La mente conscia è molto più limitata dell'inconscio. Se devi comunicare una nuova idea, se hai bisogno di espandere degli orizzonti, devi parlare alla parte "selvaggia e senza freni", devi parlare all'inconscio. L'ipnosi è un buon modo per farlo.

IMPARARE L'IPNOSI

Milton Erickson ed Ernest Rossi individuano un "paradigma in cinque fasi delle dinamiche dell'induzione della trance":

1. **Fissazione dell'attenzione** *tramite l'utilizzo delle convinzioni e dei comportamenti del paziente per concentrare l'attenzione sulle realtà interiori.*
2. **Depotenziare cornici di referenza abituali e sistemi di convinzioni** *tramite distrazione, shock, sorpresa, dubbio, confusione, dissociazione o qualsiasi altro processo che interrompa i normali schemi del paziente.*
3. **Ricerca inconscia** *tramite implicazioni, domande, giochi di parole e altre forme indirette di suggestione ipnotica.*
4. **Elaborazione inconscia** *tramite attivazione di associazioni personali e meccanismi mentali, per mezzo di quanto elencato sopra.*
5. **Risposta ipnotica** *tramite un'espressione di potenziali di comportamento che la persona esperisce come avente luogo in modo autonomo rispetto alla propria volontà.*

Ma dirla così può fare sembrare la cosa molto più complicata di quanto in effetti sia. In realtà hai probabilmente *già* ipnotizzato delle persone senza accorgertene. Ad esempio, hai mai raccontato una storia della buonanotte a dei bambini con tanta abilità che quelli hanno visualizzato tutti gli eventi? Si tratta di ipnosi. Hai mai calmato il dolore a tuo figlio "dando un bacino sulla bua"? Si tratta di ipnosi. Hai mai ridotto le paure di una persona dicendole "Non ti preoccupare, tra una settimana ci ripenserai e ci riderai sopra"? Si tratta di ipnosi. Quello che ci accingiamo a fare è semplicemente imparare a sviluppare ulteriormente questo processo. E quando si tratta di fare le cose in pratica, è tutto molto più facile di quanto possa sembrare leggendo la descrizione di Erickson e Rossi.

SCEGLIERE UN SOGGETTO

Il modo migliore per imparare l'ipnosi è trovare qualcuno che condivide con te questa curiosità. Potrete apprendere insieme. Ovviamente la cosa sarà molto più difficile con una persona riluttante. Ecco un consiglio importante:

Assumi entrambi i ruoli.

Ossia, non allenarti solo a essere l'ipnotizzatore: fatti anche ipnotizzare dall'altra persona. Avrai così una comprensione molto più vasta e chiara di ciò che funziona o meno.

Nonostante sia noto che "non si può essere ipnotizzati contro la propria volontà", ipnotisti molto abili e ricchi di risorse sono in grado di ipnotizzare pressoché chiunque (se necessario anche utilizzando proprio le resistenze della persona). Ma per quanto ti riguarda, le tue nuove abilità ipnotiche per aiutare le persone funzioneranno solo se queste sono disposte a cooperare. Spiega loro che vorresti aiutarle e che hai bisogno della loro collaborazione attiva. Questa è anche in effetti la normale situazione che si verifica quando le persone consultano un ipnoterapeuta.
Come scrissero Erickson e Rossi: "Un aspetto particolarmente importante di questo atteggiamento ottimale sono le *aspettative*. Le aspettative nutrite dai pazienti riguardo al cambiamento terapeutico permettono loro di sospendere le limitazioni apprese e le esperienze di vita negative che sono alla base dei loro problemi".

È PERICOLOSO?

Quando pensi per la prima volta al fatto di ipnotizzare altre persone, proverai probabilmente entusiasmo e curiosità, ma anche ansia riguardo alla possibilità di scatenare traumi repressi, di non riuscire a interrompere la trance, e in generale al fatto di "mettere le mani" nelle menti degli altri. Questi rischi sono ampiamente evitabili fintanto che ti comporti con senso di responsabilità e ti limiti alle cose in cui sei competente.

Tieni a mente che mettere una persona in trance non significa privarla del controllo. La mente inconscia è molto protettiva. Gli ipnotisti di professione affermano che indurre una persona sotto ipnosi a fare una cosa per lei potenzialmente nociva è spesso più difficile di quanto non lo sia in un normale stato di veglia (pensa ad esempio anche solo alle cose folli che certe persone accettano di fare quando sono in uno stato "normale", come ad esempio bere quantità smodate di alcol per sfida, inalare fumo cancerogeno, o starsene al sole fino a diventare rosse come aragoste!).

È UNA COSA ETICA?

Ipnotizzare le persone è un comportamento del tutto etico, a patto di essersi accordati prima sullo scopo della seduta ipnotica e che si sia scelto qualcosa di sensato e valido. Prima di procedere, esegui i controlli ecologici tipici della PNL. In altre parole, qualsiasi cambiamento tu intenda apportare deve essere positivo per tutti gli aspetti del soggetto ipnotico e per le altre persone che ne saranno coinvolte.

COME PARLARE

Ciò che dici è ovviamente molto importante, ma è anche fondamentale *come* lo dici. Senza dubbio avrai visto film o video in cui degli ipnotisti parlano con una voce molto profonda. Una voce profonda non è esattamente essenziale (se lo fosse, non ci sarebbero molte ipnotizzatrici donne): il punto è che le voci irritanti, come quelle molto acute o stridule, non facilitano lo stato di trance. La tua voce deve essere *calmante*. Devi tu stesso essere *rilassato*, e quando sei rilassato la tua voce tende naturalmente a essere più profonda.

Ma c'è un'altra questione di natura diversa: aiuta molto avere una voce per essere "normali" e una per essere "ipnotici". Fare una voce più profonda è un segnale. Se una persona ha associato una voce profonda con lo stato di trance (e grazie ai film la maggior parte di noi già lo fa), utilizzarla aumenterà le probabilità che la procedura abbia successo. Inoltre, se una persona è stata messa in trance da una voce profonda, utilizzare quel tono di voce in occasioni successive può indurre la trance in modo quasi automatico.

Altri modi per segnalare che vuoi uno stato di trance sono cambiamenti di postura e modo di fare. Potresti anche chiedere al tuo soggetto di sedersi in un determinato luogo per l'ipnosi, avendo ad esempio una sorta di "sedia ipnotica".
Vi è un'ulteriore ragione per avere questi segnali. Non solo essi facilitano le sessioni future, ma aiutano anche a impedire che il soggetto vada in trance quando ciò *non* è richiesto e desiderabile. Il fatto è che, una volta che una persona ha imparato ad andare in trance, diventa sempre più facile. Di conseguenza potresti inavvertitamente metterla in trance anche quando non vuoi. Se invece l'altra persona è stata programmata ad andare in trance *solamente* quando usi un determinato tono di voce (e magari altri segnali), non ci saranno episodi di "ipnosi accidentale".

La tua voce deve anche essere *sicura*. Nessuno si affiderà a una persona la cui voce tradisce dubbi riguardo all'intero processo. Puoi aiutarti a superare eventuali ansie da parte tua ricordandoti che non sei tu che *fai* andare in trance l'altra persona. Non è uno scontro di volontà opposte. Il tuo compito è quello di aiutare il soggetto ad andare in trance *se lo vuole.* State *operando insieme.*

Come abbiamo visto nei Capitoli 1 e 7, il ritmo è un altro fattore chiave. Nota la respirazione dell'altra persona, e sincronizza le tue frasi. Ossia... spezza le frasi... in maniera che una parte... di una frase... vada con... l'inspirazione... e la successiva... vada con... l'espirazione... e via così... sempre così. Poi puoi gradualmente... rallentare... e rallentare... e l'altra persona... seguirà... la tua guida... e respirerà... più lentamente... e diventerà... più rilassata... e sempre... più profondamente... in trance...

Infine, devi prestare attenzione a cosa enfatizzi, a quello che gli ipnotisti chiamano la "marcatura analogica" e che si verifica quando cambi il tuo tono di voce o usi un gesto per sottolineare certe parole particolarmente importanti. John Grinder racconta la storia di una donna che si era rivolta a lui perché si svegliava nel cuore della notte, sudata e in preda a tremori, e nessuno era riuscito a capire a cosa fosse dovuto il suo problema. La donna aveva detto a Grinder di come "spegneva l'interruttore della luce *elettrica*" e si metteva stesa per dormire, e di come trovava la cosa "uno *shock*" perché era ormai "in *trattamento* da anni". Grinder ebbe la sensibilità di notare la marcatura analogica, e si rese conto che a un certo punto nel passato la donna aveva ricevuto un trattamento con l'elettroshock. Nessuna delle altre persone che l'avevano avuta in cura recentemente lo sapeva, ma con questa intuizione Grinder fu in grado di aiutarla.

In questo esempio era il soggetto a fare la marcatura analogica. Tu, però, in qualità di ipnotista, puoi a tua volta utilizzarla per attirare l'attenzione dell'inconscio sulle idee che vuoi instillare. Il modo più sofisticato per farlo è tramite i cosiddetti "comandi nascosti". Si tratta di comandi inseriti e celati nelle frasi un po' come lo sono degli oggetti in certi rompicapi illustrati. Poniamo ad esempio che tu dica:

"Per favore, mi porti la cartella che è vicina alla macchina del caffè."

Questo certamente dovrebbe farti avere la cartella che desideri; ma potresti dirlo anche in un altro modo, utilizzando la marcatura analogica per le parole sottolineate:

"Per favore, mi porti la cartella che è vicina alla macchina del caffè."

In questo secondo caso, con un po' di fortuna, con la cartella avrai anche una tazza di caffè. È chiaro che il fatto che vi sia un comando nascosto *non* significa che necessariamente verrà eseguito, ma i comandi nascosti sembrano lavorare sull'inconscio in maniera efficace in combinazione con altre tecniche, e a volte sortiscono risultati anche da soli.

APPLICARE LE ABILITÀ DI BASE

Immagino che comincerai a sperimentare con qualcuno che conosci piuttosto bene e che è curioso quanto te. Anche in questo caso, potresti non aver mai notato prima se la persona ha un sistema rappresentazionale preferenziale (ossia se per lo più mentalmente "vede" cose, "sente" suoni o "percepisce" in modo tattile/propriocettivo. Se ti sei scordato dei sistemi rappresentazionali primari, torna a vedere i Capitoli 1 e 7). Se è così, recupera prima questa informazione chiedendo alla persona di descrivere qualcosa di cui ha fatto esperienza e prestando attenzione al linguaggio che utilizza. Una volta che lo avrai scoperto, **il tuo linguaggio dovrebbe favorire il sistema rappresentazionale primario della persona, a meno che questa non sia a suo agio con tutti e tre: se è così potrai sceglierne uno qualsiasi.**

Chiedi all'altra persona di pensare a una attività che tende a creare per lei "un mondo a parte", e di dire di cosa si tratta con una singola parola o una breve frase. Dille di non darti più informazioni del necessario: basta che dica "nuotare" o "ascoltare musica" o "fare jogging", ad esempio. Poi chiedi alla persona di chiudere gli occhi e immaginare la cosa. Il tuo compito è quello di descrivere ciò che è in corso nel suo cinema mentale in modo tale che l'esperienza diventi più intensa e profonda. Potresti dire ad esempio: "Senti la freschezza dell'acqua sulla pelle" (cinestesico); "Senti il ritmo regolare" (auditivo); "Vedi le tue mani muoversi all'unisono con i tuoi passi" (visivo).

Dopo alcuni minuti di questo esercizio, fermati e discuti delle cose che sono sembrate di aiuto nel creare uno stato di trance, e di quali invece sono parse controproducenti. Poi scambiatevi i ruoli.

L'INTUIZIONE

Scoprirai che quando dici cose che rispecchiano l'esperienza interiore della persona, quella comincia ad andare in una trance più profonda. Quando invece dici cose che non lo fanno, il soggetto comincia a uscire dallo stato ipnotico. Ti accorgerai che devi limitarti a cose che *necessariamente* devono far parte dell'esperienza, elementi *universali*. Ad esempio, se nel caso del jogging dici "Stai pensando a quanto sia bella la campagna", questo può essere o meno il caso: è il tipo di cosa da evitare. Se invece dici alla persona qualcosa come "Senti il movimento ritmico delle tue anche", si tratta di un elemento che *deve* fare parte dell'esperienza. È questo il tipo di cose che ti serve dire.

METODO 1: UNA SEMPLICE TECNICA PER INDURRE L'IPNOSI

L'idea di questa tecnica è quella di riproporre alle persone cose di cui stanno facendo esperienza. In altre parole farai "ricalco" e "guida" nella maniera di cui hai auspicabilmente già fatto pratica fin dal Capitolo 7. La norma è quella di fare tre o più affermazioni di ricalco prima di ogni affermazione di guida. E favorirai il sistema rappresentazionale primario della persona, oppure li utilizzerai tutti e tre.
Per aiutarti a farti un'idea, ecco alcuni brevi esempi corredati da commenti esplicativi:

> ***"Il tuo nome è Jeremy... e hai 28 anni. Molto bene. Ora, mentre sei comodamente seduto su quella sedia rossa... i tuoi piedi... sul pavimento... le tue mani... che percepiscono la superficie liscia... dei braccioli... e senti la mia voce... vorrei che tu..."***

Hai notato le affermazioni di ricalco? Jeremy sa che tutto ciò che hai detto è vero: è Jeremy, ha 28 anni, è seduto sulla sedia rossa e può sentire la tua voce. Dunque quando passerai a suggerire qualcosa, Jeremy sarà piuttosto aperto: partirà dal presupposto che anche la suggestione sia "vera", perché fa parte di uno schema. L'effetto si potenzia se introduci elementi che la persona normalmente non noterebbe, e aiuta se si tratta di cose che riguardano l'interfaccia tra corpo e ambiente. È perciò ad esempio utile dire "Vedi le tue mani", ma è ancora più potente dire "Le tue mani percepiscono la superficie liscia dei braccioli". Hai notato anche che nell'esempio precedente vengono usati tutti e tre i sistemi rappresentazionali?

> ***"...allora vorrei che tu notassi come stai cominciando a sentirti rilassato. Talmente rilassato che stai cominciando ad andare alla deriva in una sorta di sonno."***

Hai già incontrato questo tipo di presupposizione (nel Capitolo 7). Una presupposizione, in questo contesto, significa semplicemente parlare di una cosa come se l'altra persona già la sapesse o fosse già d'accordo. Avresti potuto semplicemente dire "Ti senti assonnato", ma sarebbe stato molto meno efficace.
La struttura "mentre tu x... y" (cominciata nel primo esempio, e completata in quello appena sopra) è conosciuta come "transizione", perché guida il soggetto dallo stato di veglia alla trance. Parole come "mentre", "quando", "perché" ed "e" possono a loro volta essere impiegate per creare transizioni.

Tre sono i livelli di collegamento:

- *X e Y. Ad esempio: "Sei seduto su quella sedia e cominci a rilassarti".*
- *Mentre X, Y. Ad esempio: "Mentre sei seduto su quella sedia cominci a rilassarti".*
- *X causa Y. Ad esempio: "La comodità della sedia ti fa rilassare".*

Il punto è che non esiste alcun effettivo collegamento tra l'essere seduti sulla sedia e il rilassarsi (si può essere seduti sulla sedia ed essere tesi), ma l'uso delle strutture di transizione collega le due idee e fa sembrare logica la progressione dalla prima alla seconda. Per non dilungarmi ho mantenuto brevi questi due esempi, ma nella pratica dovrai probabilmente continuare a fare ricalco e guida per un po' prima di ottenere una reazione.

ALCUNI ULTERIORI ACCORGIMENTI

> ***"Fino al momento in cui lo dico, non ti sarai reso conto della sensazione di calore all'altezza dei tuoi lombi. E mentre quel calore si diffonde, anche la tua sensazione di rilassamento può diventare più intensa."***

Il tuo soggetto sarà costretto a portare la propria attenzione ai suoi lombi, e noterà allora il calore. Questo procura un duplice effetto: ti dà credibilità perché la tua affermazione si rivela corretta, e cambia il tipo di attenzione

della persona. Ovviamente non è necessario utilizzare i lombi: puoi fare qualcosa di simile con altre parti del corpo.
Il verbo "potere", nelle sue varie forme, è un cosiddetto "operatore modale di possibilità". Gli operatori modali di possibilità si usano perché non vuoi mai che il tuo soggetto "fallisca", e per questo non dici mai che qualcosa *accadrà sicuramente.*

"Non è necessario che tu vada in trance finché non sei veramente pronto."

Questo combina due cose che abbiamo visto nel Capitolo 7: l'uso di una negazione per dissipare le resistenze, e l'uso di una presupposizione. Tu, in qualità di ipnotista, stai dando per scontato che a un certo punto il soggetto *andrà effettivamente* in trance. Altre utili espressioni che sfruttano le negazioni sono "Non puoi farlo smettere, vero?" e "Perché non lasci che accada?".

"E la prossima volta che i tuoi occhi cominciano a chiudersi, potresti semplicemente permettere che rimangano chiusi."

Calibrando attentamente, riproponi alla persona le sue reazioni e fai sembrare di essere stato *tu* a *causarle*. Questa tecnica è conosciuta come "incorporazione". Incorporare significa utilizzare qualcosa che la persona sta *già* facendo. Quindi non appena vedi gli occhi che si chiudono, dici "E mentre i tuoi occhi cominciano a chiudersi...", oppure "Mentre chiudi le palpebre...", "Mentre incroci le gambe...", "Mentre lasci cadere in avanti il capo...". Quando utilizzi l'incorporazione dai l'impressione di avere profonda comprensione e intuizione.

"Sì, così, esatto."

È importante far sapere alle persone che stanno procedendo bene, ma queste parole di incoraggiamento hanno anche un'altra funzione: quella di instaurare ancora una volta fiducia nelle tue abilità. Ad esempio, se suggerisci una visualizzazione e poi noti segni di movimento oculare dietro le palpebre chiuse, sai che con ogni probabilità il soggetto sta visualizzando. Dicendo "Sì, così, esatto" al tempo stesso incoraggi la persona ad andare in una trance più profonda, e mostri di avere una speciale conoscenza di quello che le sta succedendo.

"Ok, siamo al livello 3, adesso andremo al livello 4."

Confermare lo stato dà sicurezza alla persona. All'inizio potresti dire che su una scala da uno a dieci (in cui uno rappresenta il normale stato di veglia) mirerai a portare la persona a una profondità di livello sette. Questo dà un obiettivo a cui mirare, ma senza intimidire troppo.

"Vorrei che sollevassi un dito quando avrai raggiunto il livello 5."

Il feedback è importante per l'ipnotista, ma anche per il soggetto: gli conferisce un ruolo attivo nel processo ipnotico.

"E mentre senti il suono di quella macchina che accende il motore e se ne va, mentre scompare in lontananza, anche tu, a tua volta, puoi andare sempre più in profondità..."

Questo è un accorgimento per gestire e sfruttare eventuali interruzioni che facilmente si presentano. In questo caso è un'automobile, ma potrebbe anche essere un telefono, un campanello, o una persona che inaspettatamente entra nella stanza. Limitati a incorporare con calma l'interruzione nel tuo processo di ricalco e guida.

"Mi chiedo se osi andare in una trance più profonda..."

È raramente una buona idea "ordinare" al soggetto di fare una cosa, poiché questo potrebbe creare resistenze o risentimento. Costruzioni di questo tipo, che si aprono con "Mi chiedo se...", aiutano a superare le resistenze. Se pensi che “osare” possa risultare un verbo troppo forte per il tuo soggetto, prova con “Mi chiedo se hai la capacità di andare in una trance più profonda...”.

> ***“Mentre le tue mani sono appoggiate con leggerezza sulle tue cosce, noti come tendono a sollevarsi un pochino per proprio conto a ogni tuo respiro?”***

Ancora una volta, invece di “ordinare” alla persona qualcosa, cerchi di aggirare la questione, in questo caso ponendo una domanda, “...noti...”. Questo specifico esempio solitamente introduce la “levitazione della mano”, durante la quale si chiede poi al soggetto “C’è una mano che tende a continuare a sollevarsi più dell’altra, o continuano entrambe a sollevarsi sempre più?”. Noterai che questo è anche un “legame” del tipo descritto nel Capitolo 7.

ULTERIORI METODI PER INDURRE L'IPNOSI

Fare ricalco e guida è una tecnica standard, ma ve ne sono molte altre. Nella pratica, probabilmente non utilizzerai solo una tecnica, ma diverse in combinazione, a seconda di come risponde il soggetto.

METODO PER L'IPNOSI NUMERO 2

L'induzione con stretta di mano è un famoso modo per mettere una persona in trance, il cui funzionamento è molto interessante. Tutti abbiamo certi comportamenti programmati come un singolo processo. Hai mai, ad esempio, imparato a suonare un brano musicale? Probabilmente avrai notato che se non ti ricordi le prime due o tre note, non riesci a ricordare nemmeno il resto del pezzo; e appena le prime note ti vengono in mente, sei in grado di suonare tutto il pezzo senza problemi. Ciò accade perché hai imparato tutto il brano musicale come una singola unità, e l'intero comportamento viene ora messo in atto senza pensarvi consciamente.

Ecco come fare un'induzione con stretta di mano:

- *protendi in avanti la mano destra, come per darla all'altra persona*
- *l'altra persona protende a sua volta la propria mano destra*
- *intercetta la mano della persona con la tua mano sinistra, e porta con decisione l'avambraccio del soggetto in posizione verticale*
- *a questo punto sei in una posizione su cui puoi fare leva (psicologica). Guida immediatamente la persona in una trance, usando il tipo di linguaggio che già abbiamo trattato*

PICCOLO GLOSSARIO: PUNTO DI LEVA PSICOLOGICO

Un **punto di leva psicologico** è un momento in cui un'altra persona è totalmente confusa e tu hai la possibilità di guidarla dove vuoi. Nel caso dell'induzione con stretta di mano, hai interrotto la persona nel bel mezzo di un comportamento automatico e quella per alcuni brevi momenti non sa come procedere. Per questo è suscettibile a istruzioni date in maniera autoritaria.

METODO PER L'IPNOSI NUMERO 3

Quando una persona si dilunga ininterrottamente su qualcosa che trovi piuttosto noioso, indubbiamente tendi ad astrarti. Ebbene, si tratta di una sorta di trance ed è un effetto che puoi sfruttare. Quello che puoi fare è parlare lungamente e in modo monotono di situazioni in cui hanno luogo naturalmente delle trance, come quando si guida la macchina, si guarda la televisione o si va in treno o in ascensore. Ad esempio:

> ***"Ero appena andato via da casa... in macchina... ed era un pomeriggio piovoso... con i tergicristalli... che si muovevano lentamente... avanti e indietro... e stavo pensando... ad un problema... che avevo... e..."***

METODO PER L'IPNOSI NUMERO 4

Poni domande che richiedono che la persona visualizzi una scena della propria infanzia. Ad esempio, "Puoi descrivermi la casa in cui hai i tuoi più vecchi ricordi?". Se la risposta è molto superficiale, puoi stimolare con domande come "Puoi descrivere la carta da parati che avevi nella tua camera da letto?".

METODO PER L'IPNOSI NUMERO 5

Quando la mente conscia di una persona è sovraccaricata di informazioni o di compiti al punto di non poter elaborare altro, qualsiasi "sovraccarico" va nell'inconscio senza che la mente conscia se ne accorga. Ecco dunque cosa puoi fare. Chiedi al tuo soggetto di contare all'indietro ad alta voce da 200 a zero, di tre numeri in tre numeri (200, 197, 194, 191,...) con gli occhi chiusi, mentre gli metti le mani sulle spalle e lo fai girare su se stesso. Poi digli: "Se in un qualsiasi momento trovi più comodo entrare in una trance, per favore fallo sapendo che sei in buone mani". A un certo punto la persona entrerà probabilmente in uno stato ipnotico.

L'INTUIZIONE

Un vantaggio di questo metodo è che ricevi automaticamente feedback. Se il tuo soggetto smette di contare, significa che è andato in trance oppure si è sottratto al disorientamento. Nel secondo caso, chiedigli semplicemente di continuare a contare. Altrimenti procedi con le tue suggestioni.

METODO PER L'IPNOSI NUMERO 6

L'idea di questo metodo è ancora quella di sovraccaricare la mente conscia della persona: in questo caso con storie all'interno di storie all'interno di storie, in maniera tale che a un certo punto il soggetto rinunci a cercare di seguire di quale delle realtà si sta parlando in un determinato momento. Per questo motivo la tecnica è detta di "accumulo di realtà". Prova a dire qualcosa come:

> ***"Mentre sei seduto là... voglio che noti... le cime degli alberi... che si muovono avanti... e indietro... nel vento... perché una mia amica... era seduta proprio su quella sedia... la settimana scorsa... e mentre era là seduta... a guardare quegli alberi... ondeggiare... di qua e di là... e ad ascoltare il suono... della mia voce... cominciò a entrare... in una profonda trance... e a ricordare di aver sognato... di vedere esattamente... quel tipo di alberi... in una giornata fuori... in campagna... quando faceva piacevolmente caldo... e si era stesa all'ombra... degli alberi... e si era addormentata... e mentre dormiva... è successo qualcosa... che l'ha cambiata... e inizialmente... non se ne era accorta..."***

METODO PER L'IPNOSI NUMERO 7

Rispecchiare il soggetto è sempre buona cosa, perché più instauri rapport, più è facile che tu riesca nel tuo intento. Questa tecnica utilizza il rispecchiamento per guidare la persona in una trance. Comincia con il rispecchiare cose come la postura e la respirazione, finché senti di avere rapport, e poi lentamente e gradualmente cambia qualcosa per vedere se la persona ti segue. In caso affermativo, vai tu stesso in trance (sai già come fare utilizzando il metodo di Betty Erickson) e il tuo soggetto dovrebbe fare altrettanto.

L'INTUIZIONE

A volte Erickson andava in trance quando era con i pazienti, al fine di essere più percettivo.

SAPERE QUANDO UNA PERSONA È IN TRANCE

Le persone negheranno abbastanza spesso di essere state in trance. Magari anche tu stesso sei stato da un ipnotista e non sei sicuro di essere stato in trance o meno. Ci sono dunque dei modi perché tu, in qualità di ipnotista, possa accertarti di aver avuto successo? Ecco alcuni segni che accompagnano regolarmente gli stati di trance:

- *la muscolatura facciale si rilassa e il volto si distende*
- *ci possono essere piccole contrazioni ritmiche*
- *la respirazione cambia*
- *il rilassamento muscolare aumenta la circolazione sanguigna nelle estremità, portando ad esempio a un riscaldamento delle mani*
- *gli occhi possono chiudersi o rivoltarsi (ma ci sono persone che possono essere in trance con gli occhi normalmente aperti)*
- *palpebre chiuse e vibranti indicano che la persona sta visualizzando*

E ADESSO?

Dunque la persona è in trance. E adesso cosa fai? Come ho sottolineato in precedenza, dovreste aver concordato prima lo scopo della seduta ipnotica. Se entrambi state semplicemente imparando e sperimentando, nel ruolo di ipnotista potresti dire qualcosa sulla falsariga di queste "istruzioni di processo":

> ***"...e puoi permettere... al tuo inconscio... di presentarti... un ricordo... che ti darà... grande piacere... qualcosa che avevi dimenticato... che ritornerà... a te... quando ti porto... fuori dalla tua trance..."***

L'INTUIZIONE

Chiedere all'inconscio di recuperare un ricordo bello e dimenticato è un modo piacevole di utilizzare l'ipnosi. L'inconscio è in grado di passare in rassegna i ricordi molto più velocemente della mente conscia. "Andare a pescare" nel passato in questo modo può aiutare alcune persone a essere più felici nel presente.

Naturalmente non devi cercare di fare cose che vanno al di là della tua competenza, né tantomeno cercare di recuperare cose personali o addentrarti alle radici di problemi della personalità. Ricorda che la PNL parte dall'idea che non è normalmente necessario sapere *perché* una persona è come è: quello che serve è sapere come fa a *rimanere* come è, e cosa vuole raggiungere.

PROBLEMI DURANTE L'IPNOSI

È molto improbabile che tu metta una persona in una trance dalla quale non riesce a uscire. Se tuttavia il tuo soggetto "non si sveglia", la soluzione è quella di ricalcarlo per ricreare rapport, e guidarlo nuovamente a un normale stato di coscienza. Un modo per farlo è andare molto vicini alla persona e sincronizzare la propria respirazione alla sua, respirandole sull'orecchio. Dopo due o tre minuti, prova a cambiare la respirazione: la persona dovrebbe seguirti.

A volte succede che, tramite l'ipnosi, una persona acceda a ricordi spiacevoli che erano stati repressi, e magari comincia a piangere. È un fenomeno detto di "abreazione". La reazione corretta è quella di riconoscere ciò che sta accadendo, e aggiungere un reincorniciamento.

> ***"Stai piangendo... e quelle lacrime... rappresentano dolore e sofferenza... nel tuo passato... ma vorrei che tu considerassi... che abbiamo tutti esperienze dolorose... e che spesso esse formano... la base per lo sviluppo successivo... di abilità e punti di forza... che le persone che non hanno mai... affrontato quelle sfide... non sviluppano."***

Puoi anche utilizzare la dissociazione:

> ***"Adesso puoi... guardare a te stesso... come eri allora... e sentirti orgoglioso... di essere sopravvissuto... a quell'esperienza... e di esserne stato reso... più forte."***

Ancora meglio sarebbe evitare in toto l'abreazione finché non sei più esperto. Prima di cominciare potresti dire:

> ***"Il ruolo... della tua mente inconscia... è quello... di proteggerti... da ricordi che sono dolorosi... o troppo intensi... e mi rivolgo... ora... alla tua mente inconscia... chiedendole di continuare... ad adempiere a quel ruolo... in modo che se modifichi... il tuo stato di coscienza... accederai... per il momento... solo a ricordi... che ti faranno piacere e ti delizieranno."***

LA CONNESSIONE CON LA PNL

Dovrebbe ormai essere piuttosto chiaro che buona parte della PNL non è altro che "ipnosi sotto altre vesti". In *Ipnoterapia*, Erickson e Rossi sostengono che le persone hanno problemi per via di "limitazioni apprese". Sono intrappolate in "schemi mentali, cornici di referenza e sistemi di convinzioni che non permettono loro di esplorare e utilizzare le proprie abilità per il proprio massimo vantaggio". Il compito del terapeuta è quello di identificare queste false limitazioni e guidare il cliente verso "nuovi orizzonti". Erickson e Rossi hanno scritto che tutti gli esseri umani sono ancora intenti ad apprendere come sfruttare il proprio potenziale: è entusiasmante, chissà fin dove possiamo tutti arrivare?

Anche la PNL ha lo scopo di aiutare le persone a imparare a sfruttare il proprio potenziale. Utilizza molte delle stesse idee e degli stessi processi, ma senza la procedura ipnotica formale. Come hanno scritto Bandler e Grinder in *Ipnosi e trasformazione*, "non c'è niente che si possa fare con una persona in trance che non si possa fare con una persona non in trance".

Nel prossimo capitolo troverai un piano strutturato per aiutarti a realizzare il *tuo* potenziale, utilizzando tutte le cose che hai imparato in questo libro.

10 COSE DA RICORDARE

1. *La PNL deriva molte delle proprie tecniche da quelle utilizzate in ambito di ipnosi.*
2. *Non giudicare l'ipnosi a partire dalle cose che vedi in televisione o negli spettacoli.*
3. *L'ipnosi è "l'evocazione e utilizzazione di apprendimento inconscio".*
4. *La trance è un'esperienza comune: una definizione della trance terapeutica è che è semplicemente un periodo durante il quale le limitazioni delle normali cornici di referenza e convinzioni della persona vengono momentaneamente alterate.*
5. *La tecnica di ricalco e guida è un modo standard per indurre la trance.*
6. *È importante incoraggiare il tuo soggetto e aiuta stabilire un meccanismo di feedback, come ad esempio il sollevarsi di un dito.*
7. *Ci sono comportamenti che sono stati appresi come una singola unità di processo: interromperli prima che sia completato l'intero processo crea confusione e un punto di leva psicologico.*
8. *Spesso si può guidare nella direzione voluta una persona che sia in un punto di leva psicologico.*
9. *Segnali che la persona è in trance sono ad esempio l'appianarsi del volto, i cambiamenti a livello della respirazione, le mani più calde, gli occhi rivolti verso l'alto o le palpebre chiuse e vibranti.*
10. *Lo scopo della seduta ipnotica dovrebbe essere concordato all'inizio; potrebbe ad esempio essere quello di richiamare alla mente un ricordo piacevole.*

COME ME LA STO CAVANDO?

- *Hai cominciato a esplorare l'ipnosi con un amico?*
- *Sei riuscito a sviluppare una "voce ipnotica" che sia rilassata, sicura, e a tempo con la respirazione del soggetto?*
- *Sei riuscito a enfatizzare punti chiave o addirittura creare comandi nascosti, utilizzando la marcatura analogica?*
- *Sei riuscito a dire cose che hanno aiutato qualcuno ad andare più profondamente in uno stato di trance?*
- *Sei riuscito a utilizzare ricalco e guida, insieme con una transizione, per mettere una persona in trance?*
- *Utilizzando la calibrazione, sei riuscito a far sembrare di aver causato tu dei cambiamenti fisici nel soggetto, che erano in realtà del tutto spontanei?*
- *Sei riuscito a causare "levitazione della mano"?*
- *Hai provato l'induzione per stretta di mano?*
- *Sei a tuo agio nell'usare almeno tre metodi per indurre la trance?*
- *Sai come muoverti con una persona che non esce da una trance o che ha un'esperienza traumatica (abreazione)?*

Potresti esserti sentito sufficientemente ispirato da provare a ipnotizzare un amico ben disposto. Ed è importante che tu ti sia anche fatto ipnotizzare dall'amico. Fa tutto parte del processo per imparare cosa funziona o meno. In un tempo ragionevole dovresti riuscire a rendere più profonde le trance di un amico, e se ti applichi e fai pratica del modo in cui esprimerti, dovresti riuscire a ipnotizzare chiunque sia disposto a collaborare.

CAPITOLO

10

Il tuo piano di azione di PNL per quattro settimane

In questo capitolo imparerai:

- **come pianificare il tuo sviluppo personale**
- **come trasformare tempo sprecato in tempo utile**
- **come 28 giorni possono trasformare la tua vita**

> ***Avere scelte è meglio che non averne***
> *Presupposizione di PNL*

Il tuo primo passo sarà pianificare come vuoi essere e come vuoi che la tua vita si trasformi. Sii il più preciso possibile. È improbabile che obiettivi vaghi come "Migliorerò la mia relazione con la mia/il mio partner", "Guadagnerò più soldi" o "Diventerò più bravo a golf" siano molto efficaci. Ti servono obiettivi chiari e per quanto possibile misurabili, nonché piani specifici per raggiungerli. Ad esempio: "Migliorerò la mia salute facendo quotidianamente esercizio fisico, con l'obiettivo di ridurre il mio battito a riposo di quattro battiti al minuto alla fine del primo mese", oppure "Aumenterò la mia autostima tramite tecniche di PNL e farò domanda per la posizione di manager tra due settimane".

Tira fuori il tuo diario, o un cartellone da mettere a muro, e decidi una tempistica realistica per quello che hai in mente di fare. Come abbiamo visto nel Capitolo 5, è una buona idea lavorare all'indietro a partire dal raggiungimento dell'obiettivo. Utilizza quindi la visualizzazione per "ricostruire i passaggi in ordine inverso" e segna le fasi chiave e le date corrispondenti.

Qui lavoreremo su un arco di quattro settimane, che è un tempo sufficiente a raggiungere alcuni obiettivi importanti. Ovviamente non tutto si può realizzare in un mese: adatta il piano secondo le necessità.

GIORNO 1

Il primo giorno è tutto dedicato al fare piani e scoprire nuove cose su di te.

- *Segna la tua tabella di marcia sul tuo diario o su un cartellone a muro.*
- *Stabilisci se la tua motivazione è generalmente "via da" cose spiacevoli o "verso" cose piacevoli (Capitolo 5), poi sfrutta il risultato per progettare modi che ti motivino più efficacemente.*
- *Stabilisci se hai un sistema rappresentazionale primario (Capitolo 1).*
- *Individua il modo in cui codifichi il tempo (la tua time-line) e poi riordina la sequenza dei ricordi selezionati, portando i ricordi piacevoli più vicino e sospingendo nel passato più remoto quelli spiacevoli (Capitolo 2).*
- *Memorizza le presupposizioni della PNL (Capitolo 1).*
- *Identifica una persona che vorresti modellare e fai un piano di azione per gestire gli aspetti pratici della cosa.*
- *Comincia a seguire una routine di vita sana. Utilizza la tecnica dello Swish per motivarti a fare regolarmente esercizio fisico (Capitolo 6). Procurati un'immagine del tipo di corpo che vorresti avere e mettila in un posto dove la puoi vedere tutti i giorni.*
- *Su un cartoncino stila una lista di tutte le cose meravigliose che la tua/il tuo partner fa per te, e mettilo in un posto sicuro nel tuo portafoglio, in modo da poterlo consultare in caso di litigio.*

OGNI GIORNO CHE NE HAI LA POSSIBILITÀ

Non ti annoierai mai se usi la PNL per trasformare la tua vita, perché tante sono le abilità da praticare. Seduto su un treno o in una sala di attesa, puoi intrattenerti completamente senza aver bisogno di altro che dei tuoi sensi e della tua mente.

- *Richiama alla mente una delle presupposizioni e riflettici. Ricorda, l'idea delle presupposizioni della PNL non è quella che siano necessariamente vere, ma che siano utili. Chiediti: "In quali modi posso usare questa presupposizione per migliorare la mia vita?".*
- *Fai pratica delle tue abilità di visualizzazione (Capitolo 2). Rendi il tuo cinema interiore più ricco che puoi, impiegando tutte le tecniche di regia. Prova a scambiare due immagini rapidamente (Swish), facendo in modo che le emozioni collegate alla prima siano trasferite alla seconda.*
- *Lavora alla compilazione di un repertorio mentale di aneddoti e storie da utilizzare per impartire consigli e guidare in modo sottile (Capitolo 7). Un libro come* La mia voce ti accompagnerà *ti può fornire abbondanza di idee in questo senso.*
- *Calibra tutte le persone che puoi (Capitolo 7). Osserva quindi il linguaggio non verbale e mettilo in relazione alle emozioni della persona, in particolare a quelle causate da te. Quando poni delle domande presta particolare attenzione ai movimenti oculari: vi sono degli schemi ricorrenti?*
- *Quando sei solo, allenati a parlare con la tua "voce ipnotica" (Capitolo 9), ossia in modo sicuro, rilassato e probabilmente più profondo del solito, e a ritmo con la respirazione.*

OGNI VOLTA CHE VAI A LETTO

Il momento in cui stai per perderti nell'abbraccio del sonno è ottimo per programmare il tuo inconscio.

- *Prima di andare a dormire, ogni notte, datti istruzioni riguardo a come vuoi sentirti quando ti svegli (Capitolo 5). Qualcosa come: "Mi sveglierò alle 7:30, sentendomi completamente riposato e non vedendo l'ora di...".*
- *Visualizzati in ottima salute, anche se al momento hai dei problemi (Capitolo 6).*
- *Se ti svegli durante la notte e non riesci a dormire, utilizza piacevolmente questi momenti in modo creativo, godendoti delle visualizzazioni (Capitolo 2).*

OGNI GIORNO

- *Parla alla tua voce interiore come se si trattasse di un'altra persona. Fatti una chiacchierata: al di là del resto, una voce interiore può essere di buona compagnia. Fanne un'abitudine. Fai pratica in modo che la tua voce interiore ti mandi segnali non ambigui. Una volta che hai stabilito una buona comunicazione, utilizza la Ristrutturazione in sei fasi (Capitolo 4) per scoprire l'intenzione positiva dietro alle voci negative e per sviluppare modi alternativi di soddisfare quel risultato secondario positivo.*
- *Impegnati a ricalcare e rispecchiare le persone (Capitolo 7). Se sei impacciato e infastidisci qualcuno, puoi sempre spiegare che stai studiando la PNL (ma potrebbe non essere una buona idea provare queste tecniche su persone quali il tuo capo, almeno finché non le avrai perfezionate).*

SETTIMANA 1

- *Avvicina il tuo modello e chiedine la collaborazione (Capitolo 3).*
- *Prova a entrare in uno stato di flow (Capitolo 3).*
- *Se soffri di qualche fobia, comincia ad affrontarla adesso con la Tecnica Veloce per le Fobie (Capitolo 2).*
- *Comincia a prendere il controllo delle tue voci interiori negative. Prova a screditarle facendole suonare come la voce di una persona di cui diffidi (Capitolo 4). Durante tutta questa settimana, presta attenzione a qualsiasi istruzione negativa da parte della tua voce interiore e fagliela riformulare in termini positivi. In altre parole, se la tua voce interiore ti dice "Non essere ansioso riguardo a..." deve invece riformulare la cosa come "Puoi sentirti completamente sicuro di te riguardo a...".*
- *Potenzia la tua sicurezza di te con il Cerchio della Fiducia in Se Stessi (Capitolo 5). Poi, per sicurezza, fai anche uno Swish al medesimo fine.*
- *Comincia a imparare una nuova abilità mentale o a migliorarne una esistente. Ricordati di quanto considerevoli siano le tue capacità di apprendimento, visualizzando come hai imparato a camminare, parlare, leggere e scrivere da bambino (Capitolo 3).*
- *Comincia a imparare una nuova abilità fisica o a migliorarne una esistente. Affida la cosa al tuo inconscio appena possibile (Capitolo 3).*

FINE SETTIMANA 1

- *Utilizza il metodo di Betty Erickson per autoindurti la trance (Capitolo 1). A questo stadio usala per affrontare qualche questione abbastanza semplice.*
- *Destina del tempo a comporre un filmato interiore di cinque scene romantiche prese dalla tua vita insieme alla tua/al tuo partner (Capitolo 8).*

SETTIMANA 2

- *C'è qualcosa nel passato per cui ti rimproveri come ti sei comportato? Se devi pensarci molto, salta questa parte. Ma se c'è qualcosa del tuo comportamento passato che continua a pesarti, assolvi te stesso utilizzando il Distruttore di Decisioni (Capitolo 2).*
- *Qualsiasi comportamento tu desideri acquisire, fanne un filmato mentale utilizzando il Generatore di Nuovi Comportamenti (Capitolo 5). Guardalo oggi, e ogni giorno per tutta la settimana.*
- *Passa del tempo con la persona che stai modellando, assorbendo tutto ciò che fa (preferibilmente mentre sei in uno stato di flow) e facendone un filmato (Capitolo 2).*
- *Prova a creare delle ancore (Capitolo 5). Per cominciare scegli qualcosa di semplice, come ancorare la risata.*
- *Allenati a usare le tecniche di controllo del dolore (Capitolo 6) in maniera da averle pronte in caso ti dovessero servire.*
- *Continua ad apprendere le nuove abilità su cui hai iniziato a lavorare durante la Settimana 1.*
- *Se hai utilizzato la Tecnica Veloce per le Fobie, continua a esporti allo stimolo che ti faceva paura.*

FINE SETTIMANA 2

- *Utilizza il metodo di Betty Erickson per autoindurti la trance. Con l'esperienza che hai a questo punto, affronta una problematica più difficile di quella del fine settimana scorso.*
- *Intrattieni gli amici con le tue nuove abilità di lettura della mano (Capitolo 7).*
- *Fai lo Swish con un'immagine della tua/del tuo partner presa dai primi tempi della vostra relazione e una presa dal presente.*

SETTIMANA 3

- *Ogni giorno di questa settimana guarda il filmato che hai fatto del tuo modello (Capitolo 2).*
- *Se vuoi smettere di fare qualcosa (fumare, bere troppo, arrabbiarti) pensa a cinque scene in cui il tuo comportamento è stato al peggio, e fanne un filmato interiore (Capitolo 5).*
- *Crea una serie di ancore per il rilassamento (Capitolo 6).*
- *Continua ad apprendere le abilità su cui hai cominciato a lavorare nelle Settimane 1 e 2.*
- *Se hai utilizzato la Tecnica Veloce per le Fobie, esponiti ulteriormente e con maggiore intensità allo stimolo che temevi.*

FINE SETTIMANA 3

- *Impara di più sull'ipnosi chiedendo a un amico altrettanto curioso di visualizzare qualcosa. Il tuo compito è quello di rendere più profonda l'esperienza ipnotica descrivendo ciò che la persona sta esperendo interiormente (Capitolo 9). Poi scambiatevi i ruoli.*
- *Utilizza il Cerchio dell'Amore per aumentare l'amore che provi e trasmetti per la tua/il tuo partner e per tutti gli altri (Capitolo 8).*
- *Utilizza il Generatore di Comportamenti Romantici per installare un nuovo comportamento che piacerà moltissimo alla tua/al tuo partner (Capitolo 8).*

SETTIMANA 4

- *Passa alla fase esplicita di modellamento sottraendo qualsiasi aspetto del comportamento del tuo modello che sospetti non contribuisca al risultato desiderato (Capitolo 3).*
- *Impegnati a provare il Milton Model per esprimerti in modo "abilmente vago" (Capitolo 7). Sperimenta con strutture causa-effetto, ricalco e guida, presupposizioni, storie e citazioni.*
- *Dovresti a questo punto avere parecchia familiarità con il metodo Betty Erickson (Capitolo 1) ed essere in grado di usarlo quando hai bisogno di un po' di aiuto extra o di collaborazione in più da parte del tuo inconscio.*
- *Continua ad apprendere le nuove abilità su cui hai cominciato a lavorare durante le Settimane 1-3.*
- *Se hai utilizzato la Tecnica Veloce per le Fobie, porta la misura in cui ti esponi allo stimolo fino al livello massimo che ritieni prudente.*

FINE SETTIMANA 4

- *Prova a ipnotizzare un amico ben disposto alla cosa, utilizzando le tecniche di ricalco, guida e presupposizioni (Capitolo 9), poi fatti ipnotizzare da lui. Sperimenta anche con altri modi di indurre la trance, come ad esempio l'induzione con stretta di mano.*
- *Dedica del tempo a scoprire le ancore romantiche naturalmente presenti nella tua/nel tuo partner (Capitolo 8). Cerca di installarne di ulteriori, e poi chiedi che ne vengano installate su di te.*

Per approfondire

Ci sono vari siti che puoi consultare se vuoi imparare di più sulla PNL. Impegnati a sceglierne anche alcuni che abbiano un punto di vista scettico: su questa disciplina sono state fatte anche affermazioni piuttosto stravaganti, ed è importante che ti crei un'idea equilibrata. Se poi vuoi condurre degli studi seri, i libri sono un punto di partenza dal costo abbastanza contenuto. Poi, se senti il desiderio di confrontarti con l'esperienza pratica, o di diventare un professionista di PNL, potrai frequentare corsi e percorsi di formazione.
Una delle ragioni per cui la PNL è cresciuta così rapidamente è che offre la possibilità di guadagnarsi da vivere aiutando le persone, senza un percorso accademico teorico di anni e anni. Fai però attenzione alle organizzazioni che sostengono di poterti formare a livello professionale in un solo fine settimana. Accertati anche che le persone che ti formeranno siano a loro volta appropriatamente qualificate.

SITI IN LINGUA INGLESE:

www.nlpu.com
Questo sito contiene moltissimo materiale di Robert Dilts, figura di spicco nella PNL, nonché un'enciclopedia della PNL che ne spiega il gergo e la terminologia.

www.bradburyac.mistral.co.uk
Gestito da Andy Bradbury, autore di Sviluppare le proprie capacità con la PNL, *questo sito include articoli, recensioni, sezioni dedicate alle domande e link utili.*

www.mheap.com/nlp.html
Michael Heap, psicologo clinico e forense, esprime la propria posizione su alcune affermazioni che riguardano la PNL.

Bibliografia

Bandler, R. e Grinder, J., *Frogs into Princes*, Real People Press, Moab, UT, 1979.
EDIZIONE ITALIANA:
Bandler, R. e Grinder, J., *La Metamorfosi Terapeutica*, Astrolabio, Roma, 1980.
Si tratta del libro che ha introdotto i lettori del mondo alla Programmazione Neuro-Linguistica, ed è la trascrizione di un seminario condotto dal vivo. Il vantaggio che ne consegue è che si tratta di un volume pratico e scritto in un linguaggio più semplice di molti altri volumi alla cui redazione ha partecipato anche Grinder. D'altro canto però, il materiale non è forse organizzato in maniera sempre ideale. Ma se sei seriamente interessato alla PNL, questa è un'opera fondamentale dei creatori della disciplina, che deve essere letta.

Bandler, R., e Grinder, J., *The Structure of Magic*, Vol. 1, Science and Behavior Books, Palo Alto, CA, 1989.
EDIZIONE ITALIANA:
Bandler, R., e Grinder, J., *La struttura della magia*, Astrolabio, Roma, 1981.
Pubblicati in due volumi nell'edizione originale, sono i primi libri frutto del lavoro comune di Bandler e Grinder, e trattano per lo più il modellamento delle tecniche utilizzate dalla terapeuta familiare Virginia Satir e da Fritz Perls, introducendo il cosiddetto Meta Modello. Sono volumi principalmente di interesse per chi si occupa di terapia.

Bandler, R., e Grinder, J., *Patterns of the Hypnotic Techniques of Milton H. Erickson, Volume I*, Meta Publications, Capitola, CA, 1975; Bandler, R., DeLozier, J. e Grinder, J., *Volume 2*, Meta Publications, Capitola, CA, 1977.
EDIZIONE ITALIANA:
Bandler, R. e Grinder, J., *I modelli della tecnica ipnotica di Milton H. Erickson*, Astrolabio, Roma, 1984.
Si tratta dei risultati del modellamento condotto sull'ipnoterapeuta Milton

Erickson, a cui la PNL deve così tante delle sue tecniche. Quest'opera in due volumi, proprio come *La struttura della magia*, è scritta in un formato accademico ed è probabilmente di interesse soprattutto per chi si occupa professionalmente della materia.

Bandler, R., e Grinder, J., *Trance-formations*, Real People Press, Moab, UT, 1980.
EDIZIONE ITALIANA:
Bandler, R. e Grinder, J., *Ipnosi e trasformazione*, Astrolabio, Roma, 1983.
Si tratta di uno dei volumi di più agevole lettura tra quelli prodotti dalla collaborazione di Bandler e Grinder. È essenzialmente la trascrizione di un seminario sulla trance e l'ipnosi, ed è fondamentale per chiunque abbia un serio interesse per l'argomento o intenda diventare ipnoterapeuta.

Erickson, M. H., e Rossi, E. L., *Hypnotherapy – An Explanatory Casebook*, Irvington Publishers, New York, 1979.
EDIZIONE ITALIANA:
Erickson, M. H., e Rossi, E. L., *Ipnoterapia: una ricerca clinica*, Astrolabio, Roma, 1982.
Si tratta di un resoconto dei metodi di Erickson, di più facile lettura di quanto non sia *I modelli della tecnica ipnotica di Milton H. Erickson* di Bandler e Grinder. Rossi descrive le tecniche di Erickson con un linguaggio semplice e non tecnico, riportando anche trascrizioni di interventi del famoso ipnoterapeuta corredate da un apparato di commenti.

Rosen, S., *My Voice Will Go With You – The Teaching Tales of Milton H. Erickson*, Norton, New York, 1991.
EDIZIONE ITALIANA:
Rosen, S. (a cura di), *La mia voce ti accompagnerà*, Astrolabio, Roma, 1983.
Il titolo di questo volume è tratto da una frase che Erickson spesso includeva nelle proprie induzioni ipnotiche: "E la mia voce ti accompagnerà ovunque tu ti trovi". È una frase che gli permetteva di mantenere il contatto con il cliente, per quanto profonda potesse essere la trance. Molti ex pazienti trovavano che la voce di Erickson – o ciò che aveva detto – rimaneva con loro per il resto della loro vita, tanto profondi erano il significato e l'efficacia della sua comunicazione. Questa raccolta offre una preziosa occasione per comprendere i metodi di Erickson e il suo modo di pensare, spesso altamente originale e contrario al senso comune.

Andreas, S., e Faulkner, C., *NLP – The New Technology of Achievement*, Nicholas Brealy, London, 1996.
È un libro che tratta principalmente di come trovare il proprio ruolo nella vita e realizzare i propri obiettivi, con una particolare enfasi sulle tecniche di visualizzazione della PNL.

Bavister, S., e Vickers, A., *Teach Yourself NLP*, Hodder Education, London, 2008.
Un'esposizione completa e di agevole lettura di tutta la materia della PNL, redatta da due coach certificati. Un buon libro per chiunque stia seguendo un percorso di formazione nella disciplina.

Bandler, R., *Get the Life You Want*, HCi, Deerfield Beach, FL, 2008.
EDIZIONE ITALIANA:
Bandler, R., *Vivi la vita che desideri con **la PNL***, **Alessio Roberti Editore, Urgna**no, 2009.

Uno dei molti volumi di cui Bandler è autore unico: un libro di facile lettura che espone semplici ed efficaci tecniche di PNL.

Grinder, J., e Bostic St. Clair, C., *Whispering in the Wind* (*autoprodotto, 2001*)
Grinder ha sempre visto il modellamento come cuore della PNL: dopo la fine della collaborazione con Bandler si è impegnato ulteriormente in questo senso, sviluppando quello che ha chiamato New Code, prima con Judith DeLozier, e poi con Carmen Bostic St. Clair. Adatto soprattutto ai professionisti della PNL.

O'Connor, J., *NLP Workbook*, Thorsons, London, 2001.
Una guida pratica e di facile comprensione alla disciplina della PNL e ai suoi contenuti.

Coaching

Ci sono coach di PNL in tutto il mondo, specializzati in ambiti di ogni tipo.

www.anlp.org
Sito della Association for Neuro-Linguistic Programming, con sede nel Regno Unito. Offre un database di professionisti di PNL.

https://britishboardofnlp.co.uk/order/corporate.php
Sito del British Board of NLP, dotato di database consultabile.

www.nlptca.com
Sito della Neuro Linguistic Psychotherapy and Counseling Association del Regno Unito. Comprende una lista dei membri.

È importante controllare il tipo di formazione e le credenziali di ogni professionista prima di affidare a qualcuno la propria formazione.

Se vuoi formarti per diventare un coach di PNL, potresti trovare di tuo interesse i seguenti siti internet (in lingua inglese):

www.inlpta.co.uk
Sito della International NLP Trainers Association, con membri in più di 20 diversi paesi.

www.johngrinder.co.uk
John Grinder è il co-fondatore della PNL: qui troverete informazioni sui seminari che tiene nel Regno Unito.

www.johngrinder.com
Informazioni sulla New Code NLP, sviluppata da John Grinder e altri dopo la fine della collaborazione con Richard Bandler.

www.nlp.org
Un motore di ricerca per seminari di formazione.

www.ppdlearning.co.uk
Offre vari corsi per professionisti in PNL, tra cui un percorso di 21 giorni per diventare practitioner: tra i formatori vanta diversi importanti nomi nel campo, quali Robert Dilts, Joseph O'Connor, Judith DeLozier e Charles Faulkner.

www.professionalguildofnlp.com
Sito della Professional Guild of NLP, che fornisce informazioni sui corsi di formazione disponibili.

www.richardbandler.com
Sito web del co-creatore della PNL.

I corsi di formazione variano in maniera considerevole. Può essere allettante pensare di poter aiutare gli altri dopo un corso di un solo fine settimana, ma realisticamente devi vedere la cosa in termini di tempi molto più lunghi. I corsi online possono sembrare una buona idea, ma fai attenzione a non pagare grosse somme di denaro per informazioni che avresti potuto ottenere a buon mercato leggendo dei libri. Quando si tratta del lavoro sulle persone, non esistono validi sostituti alla formazione pratica, faccia a faccia con un formatore professionista.

Indice analitico

R

LINEA DIRETTA CON L'EDITORE

Nella scelta dei libri pubblicati e nella cura con cui li realizziamo, abbiamo come obiettivo primario quello di soddisfare sempre più le esigenze del lettore.

Per questa ragione, ci teniamo ad aprire con te un dialogo aperto e costante, un canale preferenziale attraverso cui scambiarci informazioni e idee.

PER PROPORRE IDEE E SUGGERIMENTI...

Invia una e-mail a
feedback@alessiorobertieditore.com
o telefona al Servizio Clienti
al numero verde gratuito 800.234.616.

Le tue preziose indicazioni contribuiranno a rendere il progetto editoriale di Alessio Roberti Editore sempre più innovativo e completo.

PER RESTARE AGGIORNATO...

Trasmetti i tuoi dati inviando una e-mail a
aggiornamenti@alessiorobertieditore.com
o telefonando al Servizio Clienti
al numero verde gratuito 800.234.616.

I tuoi dati saranno inseriti nella banca dati elettronica di Alessio Roberti Editore Srl nel rispetto dell'Art. 7 del D.Lgs. 196/2003 sulla tutela dei dati personali, e non saranno comunicati o diffusi a terzi. Potrai richiederne in qualsiasi momento la cancellazione o l'aggiornamento.

Grazie!

NLP ITALY
COACHING SCHOOL

IL PUNTO DI RIFERIMENTO PER LA FORMAZIONE IN PNL E COACHING IN ITALIA

Cosa differenzia le persone che ottengono risultati da quelle che sono intrappolate nell'insoddisfazione? Come fanno alcune persone a capire gli altri e a farsi capire con sorprendente efficacia? Qual è la differenza che fa la differenza?
Dalla fine degli anni Settanta la Programmazione Neuro-Linguistica (PNL) cerca le risposte a queste domande.
La metodologia utilizzata è chiamata modeling (modellamento) e consiste nell'analizzare come pensano e agiscono le persone che ottengono risultati eccellenti.
Questo processo ha permesso di individuare molti dei loro "fattori di successo" e di condividere con altri le loro modalità di pensiero e azione, facendo così diventare le strategie più efficaci patrimonio comune.

La PNL agisce in perfetta sintonia con il Coaching, che può essere definito come il processo attraverso il quale le persone sono stimolate a liberare il proprio potenziale e a massimizzare le loro prestazioni. Volto a sviluppare consapevolezza, fiducia e senso di responsabilità in noi stessi e negli altri, il Coaching rappresenta una professione, una cultura e un modello di relazione all'interno del quale il rivoluzionario approccio della PNL ricopre un ruolo insostituibile.

NLP ITALY COACHING SCHOOL è il punto di riferimento per la formazione e la ricerca in PNL e Coaching in Italia. È stata la prima scuola per Coach riconosciuta dalla SOCIETY OF NLP, l'ente internazionale fondato da Richard Bandler e John Grinder allo scopo di esercitare un rigoroso controllo sulla formazione in Programmazione Neuro-Linguistica, e annovera tra i suoi docenti Richard Bandler, John La Valle, Alessio Roberti, Owen Fitzpatrick e Antonella Rizzuto. La sua offerta formativa è organizzata in 6 percorsi professionali, con lo scopo di garantire a ogni partecipante il pieno raggiungimento di tutte le competenze fondamentali di PNL e Coaching. Ogni iscritto alla NLP ITALY COACHING SCHOOL è seguito da un consulente personale e ogni percorso è certificato da un attestato rilasciato dalla scuola e dalla SOCIETY OF NLP.

Note

Note

Note

Note